Entwicklungsgeschichte

des

römischen Rechts.

Entwicklungsgeschichte

des

römischen Rechts.

Von

Rudolph von Jhering.

Einleitung. — Verfassung des römischen Hauses.

Aus dem Nachlaß herausgegeben.

Leipzig,
Breitkopf & Härtel und Duncker & Humblot.
1894.

Vorwort des Herausgebers.

In der Vorrede zu Iherings Vorgeschichte der Indoeuropäer habe ich zugleich über die Schicksale des großangelegten Werkes berichtet, von dem einige Bruchstücke hiermit der Öffentlichkeit übergeben werden.

Der Zustand des Manuskripts hat mir die Herausgabe dieses Werkes sehr erschwert. Zunächst entdeckte ich in dem Nachlaß des verewigten Verfassers die „Einleitung", aber wie sich später zeigte, in einer älteren, nachträglich verworfenen Ausarbeitung. Mit der neugearbeiteten zweiten Fassung dieser Einleitung fand ich zugleich ein Konvolut loser Blätter, in welchen, wie sich allmählich herausstellte, „die Verfassung des altrömischen Hauses" fast vollständig dargestellt war, aber einzelne Abschnitte in zwei, drei, selbst fünf verschiedenen Fassungen, und es hat mich große Mühe gekostet, überall das letzte Wort des Verfassers herauszufinden. Doch darf ich hoffen, daß mir dies im wesentlichen gelungen ist, und so bildet denn auch dieses Werk trotz seiner fragmentarischen Gestalt ein in sich geschlossenes kleines Ganzes.

Die Einleitung „über Aufgabe und Methode der Rechtsgeschichtschreibung" berührt sich zum Teil sehr nahe mit einigen Bemerkungen, welche ich in einer jüngst veröffentlichten Schrift (Die deutsche Rechtsgeschichte und die juristische Bildung S. 5—7) gemacht habe. Leider war, als ich das Iheringsche Manuskript auch in seiner älteren Fassung entdeckte, meine Schrift bereits gedruckt, sonst würde ich nicht versäumt haben, diese Übereinstimmung zu erwähnen und meine eigenen Ausführungen durch das Gewicht einer solchen Autorität zu verstärken.

Göttingen, im Juli 1894.

Victor Ehrenberg.

Inhalt.

Seite

Vorwort des Herausgebers V

Einleitung. Über Aufgabe und Methode der Rechtsgeschichtsschreibung 1

Erstes Buch. Das alte Privatrecht.

Übersicht 49

I. Die Verfassung des römischen Hauses.

1. Die Gründung des Hauses — die Familie — Ehe — Stellung des weiblichen Geschlechts — Kinder 50
2. Die Stellung des Hausherrn 81
   a. Der Gegensatz von familia und pecunia 81
   b. Die Machtstellung des Hausherrn nach innen: Inhalt der manus 92
   c. Rechtsstellung des Hausherrn nach außen, die aktive: das Recht der Selbsthülfe: vindicatio und manus injectio; — die passive: act. noxalis, actio de pauperie 96
   d. Erwerb und Verlust der manus 106

Einleitung.

Der ungebräuchliche Name, den das vorliegende Werk an der Stirn trägt, soll zu erkennen geben, daß es sich eine andere Aufgabe gestellt hat, als die römische Rechtsgeschichte. Der Name scheint nicht glücklich gewählt zu sein, denn die Geschichte des Rechts, wird man sagen, ist ja nichts anderes als die Entwicklungsgeschichte desselben. Allerdings! aber ein Anderes ist die Geschichte, ein Anderes die Geschichtsschreibung. Dem Annalisten, welcher die nackten Thatsachen einfach an einander reiht, versagen wir den Namen eines Geschichtsschreibers, wir gestehen ihn nur demjenigen zu, der sich nicht auf die bloße Aufzählung der geschichtlichen Thatsachen beschränkt, sondern ihren inneren Zusammenhang zur Anschauung zu bringen versteht. Dieser Zusammenhang tritt äußerlich in ihnen nicht hervor, er beruht auf einem Schluß, den das Subjekt macht, und in diesem Sinn ist jede wahre Geschichtsschreibung subjektiv, die Anforderung der Objektivität der Geschichtsschreibung beruht auf der Verkennung des Wesens der menschlichen Erkenntnis. Alles, was in der Welt geschehen ist, muß, um berichtet zu werden, erst durch den menschlichen Geist hindurch und empfängt damit den Stempel des Subjektiven.

In dem Be-richten steckt ein Richten — einer der tiefsinnigsten Gedanken der Sprache — wer berichtet, richtet, er mag wollen oder nicht. Ich meine nicht im Sinne des moralischen Urteils — auch wenn er sich desselben gänzlich enthält, so richtet er dennoch, indem er sich den Vorgang in seiner Weise zu-richtet, d. i. zurechtlegt, was ohne ein noch so unbewußtes Urteilen nicht möglich ist. Wie das Bild, welches der Spiegel zurückwirft, abhängig ist von der Beschaffenheit des Spiegels, ob er scharf geschliffen ist oder matt, gerade oder schief, ebenso ist auch das Bild, welches der Historiker von der Vergangenheit entwirft, abhängig von seiner Individualität. Ein anderer Spiegel, ein anderes Bild. Und so wenig der Spiegel über sich selbst hinaus kann, ebenso wenig der Historiker, sich selber wird er einmal nicht los, und damit ist von selber gegeben, daß durch seine Subjektivität die Auffassung der geschichtlichen Thatsachen beinflußt wird.

An diesem subjektiven Moment hängt die Möglichkeit des Fortschritts der Geschichtsschreibung. Träten nicht immer neue Historiker mit neuer Auffassung an die Aufgabe heran, sie würde nie aus der Stelle kommen. Aber sie kommt aus der Stelle. Die römische Geschichte trägt heute eine gänzlich andere Gestalt an sich als vor hundert Jahren, die Geschichte der französischen Revolution eine andere als noch vor fünfzig Jahren. Warum? Nicht etwa bloß darum, weil neue Quellen erschlossen sind, sondern weil ein Umschwung in der Auffassungsweise erfolgt ist. Jede Zeit bringt die ihrige mit und dadurch nimmt die Vergangenheit eine andere Gestalt an, als sie bisher an sich trug. Die Vergangenheit ist stets eine und dieselbe geblieben, das abweichende Bild kommt also lediglich auf Rechnung des subjektiven Moments: der allgemeinen Auffassungsweise der Zeit und der individuellen des Historikers — das Neue in der Welt wirft seinen Reflex in die Vergangenheit zurück, manche Dinge, die einer weit hinter uns liegenden Periode der Menschheit angehören, sind uns erst heutzutage verständlich geworden.

In dem vorliegenden Werk tritt dieses subjektive Moment in sehr hohem Grade hervor, das Werk tritt aus den Bahnen, welche die bisherige Behandlungsweise der römischen Rechtsgeschichte inne gehalten hat, weit heraus, und eben um dies von vornherein zu betonen, und die Anforderungen, welche man an eine römische Rechtsgeschichte zu stellen pflegt, für sich abzulehnen, hat es sich den ungewöhnlichen Namen gewählt. Die folgende Ausführung soll die Eigenartigkeit des Zieles, das es sich gesteckt hat, und der Methode, die es zur Anwendung zu bringen gedenkt, darlegen und rechtfertigen. Das ist aber nur möglich, indem sie zugleich nachweist, daß und warum die römische Rechtsgeschichte bei der bisher befolgten Methode die Aufgabe, welche an die Geschichtsschreibung auf dem Gebiete des Rechts ergeht, nicht gelöst hat.

Der Fortschritt der Erkenntnis geschieht überall vom Äußern zum Innern: das Erste, was der Mensch wahrnimmt, ist das Äußere der Erscheinung, und es dauert lange Zeit, bis er inne wird, daß hinter ihr sich noch ein anderes verbirgt, das er zu ermitteln hat. Dieses erste Stadium der Erkenntnis haben alle Wissenschaften durchmachen müssen, die Geistes- wie die Naturwissenschaften, nur die Philosophie hat schon bei den ersten Anläufen, die sie nahm, ihren Blick auf das Innere der Dinge gerichtet. Die meisten von ihnen befanden sich noch im Anfang unseres Jahrhunderts auf diesem niederen Standpunkt der Ermittelung des rein Äußerlichen, so kannten z. B. die Zoologie und Botanik kein höheres Ziel, als die Beschreibung der äußeren Erscheinung der Tiere und Pflanzen, und der Name der beschreibenden Naturwissenschaften war daher für sie der vollkommen zutreffende, ebenso wie der der deskriptiven Methode. Der Fortschritt, den sie inzwischen vollzogen haben, besteht in der Erhebung der Morphologie zur vergleichenden Anatomie, Entwicklungsgeschichte und Pflanzenphysiologie.

Auf demselben rein deskriptiven Standpunkt befindet sich zur Zeit noch die römische Rechtsgeschichte. Die Einsicht, daß dasjenige, was sie bringt, nur das Äußerliche der Sache ist, und daß sie erst dann zur wahren Erkenntnis gelangen kann, wenn die treibenden Kräfte, welche im Innern der Rechtswelt lebendig sind, aufgedeckt werden, ist ihr zur Zeit noch fremd. Was sie uns bietet, sind die äußeren Veränderungen, die im Laufe der Zeit mit dem Recht vor sich gegangen sind. Man erfährt, daß wie überall, so auch auf dem Gebiete des Rechts, die Geschichte sich in unausgesetzter Bewegung befindet, aber auf das Warum? erhält man keine Auskunft.

Auf keinem Gebiete ist allerdings die Aufgabe, welche die Geschichte an den Geschichtsschreiber stellt, mit solchen Schwierigkeiten verbunden, wie auf dem der römischen Rechtsgeschichte. Das weiß ich nur zu sehr aus eigener Erfahrung, denn seit mehr als vierzig Jahren ringe ich mit ihnen, ohne ihrer völlig Herr geworden zu sein. Den ersten Ansatz dazu habe ich in meinem Geist des römischen Rechts gemacht, den zweiten unternehme ich jetzt. Ich thue es mit dem Gefühl, daß es nur Stückwerk ist, was ich bieten kann, aber immerhin wird es eine Vorarbeit für den erst noch zu erwartenden künftigen Rechtshistoriker sein, der die Aufgabe in dem Sinne lösen wird, wie sie vor meinem geistigen Auge steht, wie ich selber aber sie zu beschaffen mich nicht im stande fühle. Es dürfte aber noch einige Zeit vergehen, bis er erscheint, es müssen erst noch manche Vorarbeiten nach Art der vorliegenden gethan werden, damit er sich ans Werk machen kann. Was wir bisher haben, sind nur Materialien zum künftigen Bau, der Bau selber soll noch erst beginnen.

Zunächst fehlt es noch an dem wichtigsten Erfordernis dazu: dem Grundriß. Einige Grundlinien glaube ich in diesem Werk gezeichnet zu haben, aber noch gar manche Linien müssen nachgetragen werden, bis er soweit vervollständigt ist, daß alles und jedes an richtiger Stelle sein Unterkommen finden kann; das aber geht über das konkret historische Material, welches bisher allein zur Verwendung gelangt ist, weit hinaus. Ist dies geschehen und wird sich dann der richtige Mann an die Aufgabe machen, d. i. derjenige, welcher philosophischen Sinn mit dem Blick und dem Griffel des Historikers vereint, so wird die römische Rechtsgeschichte eines der anziehendsten und lehrreichsten Stücke der Geschichte werden. Kein Historiker oder Philosoph wird an ihr vorübergehen können, ohne sich selber zu schädigen, und selbst der Gebildete, der das Bedürfnis empfindet, sich über das Recht zu unterrichten, wird sich ihr zuwenden, denn in ihr wird er alles finden, dessen er benötigt ist —: Anschauung vom geschichtlichen Werden und Wachsen des Rechts, Erkenntnis seines Wesens, Verständnis der eigentümlichen juristischen Methode — die römische Rechtsgeschichte wird *angewandte Rechtsphilosophie* sein.

Einen Beitrag zur Lösung der Aufgabe in *diesem* Sinne soll wie mein früheres Werk, so auch das jetzige liefern. Bei jenem hatte ich mein Augenmerk auf die allgemeinen Ideen gerichtet, welche sich in den Rechtsinstituten einer und derselben Zeit wiederholen, und sie sollen auch in dem gegenwärtigen Werk ihren Platz finden, nur daß ich ihnen einen ungleich schmäleren Raum anweisen werde; einfach auf meine früheren Ausführungen Bezug zu nehmen, hielt ich im Interesse der Anschaulichkeit nicht für angemessen, in flüchtigen Umrissen werde ich auch sie zur Darstellung bringen. Zu den dort entwickelten Ideen werden noch einige neue hinzukommen, nach dieser Seite hin wird das gegenwärtige Werk also eine Ergänzung des früheren bilden. Sie alle werden ihre Aufnahme finden unter der eigens dafür bestimmten Rubrik: *abstrakte Charakteristik* des Rechts.

Der Gedanke, der mich bei jenem Werke leitete, war: Darlegung der *innerlichen Zusammengehörigkeit* des *Gleichzeitigen* im Recht. Nicht bloß des *äußeren Nebeneinanderbestehens* des Gleichzeitigen (*dogmatischer Zusammenhang*), sondern der *inneren* durch die *Gemeinsamkeit der treibenden Kräfte* bewirkten

Gleichartigkeit der Gestaltung der einzelnen Rechtsinstitute (philosophischer Zusammenhang).

Zu dieser dort versuchten Darlegung des Zusammenhangs des Gleichzeitigen gesellt sich in dem vorliegenden Werk die des Nachfolgenden hinzu. Auch in dieser Richtung wiederholt sich der eben angedeutete Gegensatz des äußeren und inneren Zusammenhangs. Jener besteht in der bloßen Reihenfolge der Rechtsthatsachen in der Zeit (äußeres Hintereinander), dieser in der kausalen Beeinflussung der einen Thatsache durch die andere (inneres Hervorgehen des Einen aus dem Andern). Die Darlegung jenes Zusammenhanges gewährt uns über das Warum der Rechtsthatsachen nicht die mindeste Auskunft, sie giebt uns bloß das post hoc, nicht das propter hoc. Damit glaube ich die herrschende Methode der römischen Rechtsgeschichte gekennzeichnet zu haben. Wie sie im Gleichzeitigen nur das Nebeneinander, so bringt sie im Nachfolgenden nur das Hintereinander zur Anschauung, bei beiden nur den äußeren, nicht den inneren Zusammenhang der historischen Thatsachen. In beiden Richtungen ist sie über die deskriptive Methode der beschreibenden Naturwissenschaften nicht hinausgelangt.

Mein Augenmerk in diesem Werk ist auch auf das propter hoc gerichtet, das post hoc interessiert mich nur soweit, als es für das propter hoc in Betracht kommt. Ich kann das Problem, das ich in diesem Werke gestellt habe, kurz bezeichnen als: Verfolgung des Kausalitätsgedankens in der Geschichte des römischen Rechts. Das ist es, was ich mit dem Namen Entwicklungsgeschichte habe sagen wollen, Entwicklung ist hier also in dem Sinne genommen, daß das Folgende durch das Vorhergehende kausal beeinflußt ist.

Diese neue Methode habe ich zu rechtfertigen. Dies soll im folgenden geschehen, indem ich sie sich mit der bisherigen Methode messen lasse.

Fragen wir uns: was haben wir viel damit gewonnen,

wenn uns nachgewiesen wird, daß das Recht sich im Laufe der Zeit verändert, ein Gesetz dem andern folgt? Wir erfahren damit nichts anderes, als daß, wie alle Dinge in der Welt, so auch das Recht dem Wandel unterworfen ist, die nackte Thatsache, daß das Recht sich bewegt. Auch die Uhr bewegt sich, aber was wissen wir von ihrer Bewegung, wenn wir nichts als die Thatsache kennen, daß der Zeiger aus der Stelle rückt? Wir verlangen den Grund der Bewegung zu erfahren, und darüber kann uns nur das Innere der Uhr Auskunft erteilen. Nicht anders verhält es sich mit dem Recht. Die Veränderungen, welche dasselbe im Laufe der Zeit erfahren hat, sind nichts als das Fortrücken des Zeigers auf dem Zifferblatt der Geschichte, und ein Rechtshistoriker, der uns nichts weiter als sie zu vermelden vermag, gleicht dem Manne, der ein Kind über die Uhr zu belehren gedenkt, indem er es darauf aufmerksam macht, daß der Zeiger aus der Stelle rückt.

Die römische Rechtsgeschichte kennt bis auf den heutigen Tag nur das Zifferblatt, nicht das Innere der Uhr. Allerdings befindet sie sich darüber auch nicht im unklaren, daß der Zeiger sich nicht durch sich selber bewegt, sondern daß er durch eine treibende Kraft im Innern in Bewegung gesetzt wird, aber als Disciplin — womit also der Frage, ob nicht im einzelnen Ansätze zum besseren gemacht worden sind, nicht vorgegriffen werden soll — ist sie an der Aufgabe, die treibenden Kräfte des Rechts zur Anschauung zu bringen, völlig unbekümmert vorübergegangen. Daß in einer Zeit, in der Ranke schrieb, ein Werk über die römische Rechtsgeschichte wie das von Rudorff zu Tage treten konnte, wird kommenden Zeiten schwer begreiflich sein. Es ist die äußerlichste Zusammenstellung des rechtshistorischen Materials, die sich denken läßt, man wird an die Systematik eines Waschzettels erinnert: Hemden, Kragen, Taschentücher — leges, Senatus consulta, constitutiones principum u. s. w.

Woher dieses Zurückbleiben der römischen Rechtsgeschichte hinter den übrigen Zweigen der Geschichtsschreibung in unserer

Zeit? Ich glaube den Grund dafür darin gefunden zu haben, daß das römische Recht für den Romanisten nicht wie bei den übrigen Zweigen der Geschichtsschreibung lediglich den Gegenstand der historischen, sondern zugleich der dogmatischen Behandlung bildet. Diese Doppelstellung des römischen Rechts als Stück des Altertums und als geltende Rechtsquelle ist das Verhängnis des Romanisten geworden, sie trägt die Schuld, daß weder die Geschichte noch die Dogmatik zu ihrem vollen Recht gekommen ist. Diese nicht, weil man — im wirklichen oder vermeintlichen Interesse des Verständnisses des geltenden Rechts — es nicht glaubte umgehen zu können, die Rechtsgeschichte zu Hülfe zu rufen. In den akademischen Vorlesungen über die Pandekten geschieht dies nicht selten in einem Umfange, daß der Zuhörer glauben könnte, Dogmatik und Geschichte hätten ihre Rollen miteinander vertauscht, er befände sich in einer Vorlesung über römische Rechtsgeschichte, nicht über Pandekten. Und selbst in der litterarischen Behandlung des römischen Rechts räumt das bedeutendste Werk, welches unser Jahrhundert über dasselbe aufzuweisen hat, Savignys „System des heutigen römischen Rechts", der Rechtsgeschichte einen Raum ein, der mit der angeblich auf Darstellung des heutigen römischen Rechts gerichteten Aufgabe im schneidendsten Widerspruch steht. Bei nicht wenigen Materien schließt die Darstellung mit dem Resultat ab, daß das römische Institut alle und jede Bedeutung für uns verloren habe, und selbst bei solchen, welche für uns noch Geltung haben, ist die Frage: ob denn die Aufbietung des gewaltigen historischen Materials, welches Savigny beibringt, durch das dogmatische Interesse geboten sei, entschieden zu verneinen.

Da haben wir die Dogmatik unter dem Bann der Rechtsgeschichte. Das Gegenstück ist die Rechtsgeschichte unter dem Bann der Dogmatik.

Dies zeigt sich zuerst daran, daß der Rechtshistoriker es für nötig hält, das Studium der Rechtsgeschichte durch ihr mittelbares Interesse für die Dogmatik zu rechtfertigen. Wer wird die Frage erheben: wozu Kunst-, Litteratur-, Kirchengeschichte? Keine von ihnen hält es für erforderlich, ihre Legitimation dem praktischen Bedürfnisse zu entnehmen, sie appellieren lediglich an das wissenschaftliche Interesse der Erkenntnis der Vergangenheit, sie sind ihrer selbst, nicht eines besonderen Zweckes wegen da. Nur die Rechtsgeschichte findet es nötig, ihre Daseinsberechtigung nicht sich selber, sondern der Dogmatik zu entnehmen: die Rechtsgeschichte gewährt den Schlüssel zum Verständnis des geltenden Rechts.

Hätte man sich bei ihrer Bearbeitung durch diesen Gesichtspunkt leiten lassen, sie würde eine gar wunderliche Gestalt an sich tragen. Gottlob hat man es nicht gethan, man hat sie sich, innerhalb des Rahmens, den man einmal für sie angelegt hatte, völlig frei entfalten lassen. Aber immerhin bleibt es doch bezeichnend für die Stellung der Rechtsgeschichte im akademischen Lehrplan des Rechts, daß man ihr dies Nützlichkeitsattest glaubte ausstellen zu müssen. So wird ihr von vornherein die Stellung einer Dienerin der Dogmatik zugewiesen — es ist das Aschenbrödel im Hause des Rechts, das seine Duldung nur dadurch erlangt, daß es Holz und Wasser für den Haushalt zuträgt.

Durch diesen Gesichtspunkt ihrer praktischen Nützlichkeit ist nun, wie bereits bemerkt, der Rechtsgeschichte die Freiheit der Bewegung in keiner Weise verkümmert worden. Aber in anderer Weise ist es durch die Dogmatik in hohem Grade geschehen.

Überall sonst ist die eigentümliche, durch die Aufgabe der Geschichtsschreibung bedingte Methode heutzutage zur vollen Geltung gelangt, hier ist sie es nicht, der Jurist hat auf sie seine dogmatische Methode einfach übertragen. Dieselbe charakterisiert sich dadurch, daß sie sich auf Darlegung der Rechtsnormen beschränkt, ohne das reale Leben in ihren Gesichtskreis zu ziehen, kurz gesagt, sie erhält sich stets auf der Höhe des Abstrakten. Es ist die Methode, welche die moderne Jurisprudenz von den römischen Juristen übernommen hat, die über die reale Gestaltung der Rechtsinstitute im römischen Leben kaum je ein Wort verlieren; was wir darüber wissen, verdanken wir nichtjuristischen Schriftstellern. Ob diese Methode für die Dogmatik die richtige ist, lasse ich dahin gestellt, eine kommende Zeit wird darüber vielleicht anders denken als wir. Aber daß sie für die Rechtsgeschichte gänzlich verfehlt ist, wird niemandem, der sich über die Verschiedenheit der Aufgabe der Geschichte und der Dogmatik klar geworden ist, entgehen[1]). Aber selbst das abstrakte Recht der Vergangenheit gelangt in der heutigen römischen Rechtsgeschichte nicht zur freien Entfaltung. Es wird von vornherein auf das Prokrustesbett der heutigen Dogmatik gespannt. Die Kategorieen, nach denen der Dogmatiker das Recht der Gegenwart behandelt: öffentliches Recht, Privatrecht, Civilprozeß, Kriminalrecht, Kriminalprozeß werden einfach auf die Rechtsgeschichte übertragen, sei es, indem die historische Entwicklung der einzelnen Institute geschildert wird (sog. chronologische Methode), wobei die Entwicklung des Rechts als Ganzes garnicht zur Anschauung gelangt, sei es, indem man Perioden zu Grunde legt (sog. synchronistische Methode), wovon ganz dasselbe gilt, da diese Methode nur die Entwicklung der einzelnen Institute während der verschiedenen Perioden zur Anschauung bringt. Bei beiden Methoden muß alles in das ihm von vornherein durch das System vorgezeichnete Fach hinein, es ist das Gesetz der logischen Subordination, dem jedes sich fügen muß; man wird an die militärische Ordnung eines Regiments erinnert, wo jeder Mann seine bestimmte

1) Ich selber glaube bereits mehrfach den Beweis geliefert zu haben, wie wenig sich das altrömische Recht ohne Heranziehung der realen Zustände des Lebens begreifen läßt; so z. B. im Geist des R. R. II § 32a, 34, 35, IV § 57 und anderwärts.

Stelle hat und niemand aus der Reihe heraustreten darf. Dabei aber kann die Geschichte nicht zu ihrem Recht kommen, denn da tritt bald dieses bald jenes Institut als maßgebend in den Vordergrund, und die allgemeinen Gedanken, welche sich in verschiedenen, systematisch weit auseinanderliegenden Instituten wiederholen, finden gar keinen Platz, wo sie in zusammenfassender Darstellung klargelegt werden können.

Ich fasse mein Urteil über die bisherige Behandlungsweise der römischen Rechtsgeschichte in den Satz zusammen: was sie uns giebt, ist nichts als successive Dogmatik.

Die Doppelstellung des römischen Rechts wird für uns bald ein Ende nehmen, die Tage seiner praktischen Geltung sind gezählt. Man könnte daran den Schluß knüpfen, daß dann auch die Beeinflussung der römischen Rechtsgeschichte durch die Dogmatik notwendigerweise ihr Ende erreichen müsse. Wäre er richtig, so hätte die Wendung zum Bessern überall, wo das römische Recht seine praktische Geltung eingebüßt hat, bereits erfolgen müssen. Sie ist nicht erfolgt. Wie erklärt sich das? Ich erblicke den Grund darin, daß es auch hier abermals ein praktisches Interesse ist, welches die wissenschaftliche Behandlungsweise des römischen Rechts, sowohl in der Litteratur wie auf dem Katheder, beeinflußt hat, zwar nicht das dogmatische, aber das didaktische. Der Jurist soll bei ihm seine Rechnung finden, das römische Recht soll ihm ganz denselben Dienst leisten wie bisher: den eines juristischen Bildungsmittels. Darum wird auch die Verdrängung des römischen Rechts bei uns allein noch keinen Wandel schaffen.

Aber wenn nicht schon vorher die Einsicht in die Verkehrtheit der bisherigen Behandlungsweise der römischen Rechtsgeschichte es thut, so wird es geschehen durch eine Änderung in der Organisation des akademischen Unterrichts, die meines Erachtens gar nicht ausbleiben kann. Für die Jurisprudenz wird im akademischen Unterrichte dieselbe Trennung der Geschichte von der Dogmatik erfolgen, deren sich die Theologie zu ihrem Segen schon längst erfreut. Und wenn beide Fächer gedeihen sollen, ist sie unumgänglich. Die Geschichte erfordert einen andern Mann als die Dogmatik. Es kann jemand der beste Dogmatiker sein — er ist es nur, wenn er Jurist im vollen Sinne des Wortes ist — und doch ein grundschlechter Historiker, weil es ihm nämlich an historischem Blick, Phantasie und Kombinationsgabe gebricht und ihm auch das nötige Darstellungstalent abgeht — lauter Eigenschaften, ohne die nun einmal die Aufgabe des Historikers sich nicht lösen läßt. Ebenso umgekehrt. Dem Rechtshistoriker darf zwar, wenn er das Recht der Vergangenheit nicht bloß äußerlich schildern, sondern sich selber und anderen innerlich erschließen will, der juristische Sinn ebenso wenig fehlen, wie dem Kunsthistoriker der Kunstsinn; aber bei ausgeprägter historischer Begabung wird er die akademische Zugabe der Dogmatik zur Rechtsgeschichte als eine schwere Last empfinden, und doch kann er sie nicht abwälzen, auf unseren deutschen Universitäten muß der Rechtshistoriker vom Pandektisten leben! Und da haben wir dann den Mißstand, unter dem der akademische Vortrag des römischen Rechts auf unseren deutschen Universitäten leidet: den geborenen Pandektisten, der Rechtsgeschichte, den geborenen Rechtshistoriker, der Pandekten vorzutragen hat, für beide, wenn Begabung wie Neigung sie nach der einen Seite hinziehen, ein Frondienst, unter dem ihre Zuhörer nicht minder leiden, als sie selber. Erst wenn dies Joch von ihnen genommen ist, werden beide auf ihrem Gebiete ganz das leisten, was sie vermögen; dann wird sich der geborene Historiker der Rechtsgeschichte, der geborene Jurist den Pandekten oder, da deren Fortdauer neben den Vorlesungen über das einheimische Recht schwerlich lange Bestand haben wird, der dogmatischen Behandlung des römischen in Verbindung mit der des einheimischen Rechts zuwenden. Mit dieser Trennung der beiden Fächer wird auch der Rechtshistoriker desselben Vorzugs teilhaftig werden, dessen der Historiker auf allen anderen Gebieten der Geschichtsschreibung sich schon lange erfreut, daß er sich mit ungeteilter Kraft und mit vollem Herzen seiner Aufgabe zuwenden kann. Erst wenn ihm diese Freiheit zu teil geworden ist, wird er im stande und zugleich genötigt sein, auf seinem Gebiete dasselbe zu leisten, was alle anderen Historiker auf dem ihrigen.

Außer der im bisherigen hervorgehobenen Beeinflussung der römischen Rechtsgeschichte durch die Dogmatik hat noch ein anderer Umstand mitgewirkt, um dem Rechtshistoriker den richtigen Weg zur Lösung seiner Aufgabe zu verlegen. Ich meine die von Savigny als Programm der historischen Schule aufgestellte und von seinen Anhängern widerspruchslos entgegengenommene Lehre vom letzten gewohnheitsrechtlichen Ursprung des Rechts. Das Recht — so lautet sie — ist nicht das Werk der Reflexion, des bewußten, absichtlichen Machens, sondern es ist der unmittelbare, unabsichtliche Ausdruck der Rechtsüberzeugung des Volks. Wie soll der Anhänger dieser Lehre — die ich als die Emanations- oder Evolutionstheorie bezeichne — auf den Gedanken geraten, den Gründen der Rechtssätze nachzugehen, wenn sie in dem unerforschlichen Geheimnis der Volksseele beschlossen liegen? Er steht vor dem Recht wie vor der Quelle, die aus der Tiefe an die Oberfläche dringt, aus einer Tiefe, in die kein Fuß, kein Blick des Sterblichen reicht. Unergründliches Geheimnis des Ursprungs des Rechts — damit ist jede weitere Untersuchung abgeschnitten.

Diese Theorie ist gleichbedeutend mit dem Verzicht auf jede Fragstellung nach dem Warum? Auf alle Fragen hat sie überall nur eine und dieselbe Antwort: Volksseele, nationales Rechtsgefühl — das Volk hat die Sache einmal so und nicht anders angesehen, damit ist alles abgethan, es ist das Fatum auf dem Gebiet des Rechts — der Historiker kann sich jede weitere Mühe ersparen. Die Emanationstheorie ist das Faulkissen der Wissenschaft. Wir müssen es ihr unter dem Kopf wegnehmen, wenn sie dazu gebracht werden soll, zu erwachen und die Augen zu öffnen, um die Dinge wahrzunehmen, wie sie wirklich sind und nicht, wie das Trugbild dieser Theorie ihr es vorspiegelt.

Woher wissen wir, daß das Recht der Urzeit, dem diese ganze Lehre von dem unbewußten oder sog. naturwüchsigen Bildungsprozeß des Rechts entnommen ist, in Wirklichkeit Gewohnheitsrecht war? Geschichtliche Zeugnisse dafür sind nicht vorhanden, und aus der bloßen Thatsache, daß es bei Beginn der Geschichte bereits als fertiges in unseren Gesichtskreis tritt, ergiebt sich nichts für die Art seiner ersten Bildung. Der bloße Umstand, daß wir ein Machen nicht nachweisen können, berechtigt uns noch nicht, ein Werden anzunehmen. Von einem Hause, das wir nicht haben bauen sehen, wissen wir, daß es gebaut ist, und wenn die geschichtliche Zeit des Rechts neben dem angeblichen unbewußten Werden desselben in Form des Gewohnheitsrechts uns in einer jeden Zweifel ausschließenden Weise zugleich ein bewußtes, absichtliches Machen desselben vor Augen führt, was berechtigt uns, der ungeschichtlichen Zeit jene Form als die ausschließliche zuzuweisen? Wenn ich meinerseits auch für sie die zweite in Anspruch nehme, so steht Behauptung gegen Behauptung, keine von beiden ist im stande, den Beweis zu erbringen. Aber die meinige kann wenigstens die Analogie der historischen Zeit für sich ins Feld führen; sie macht den Schluß vom Sicheren auf das Unsichere, nicht etwa so, daß sie sagt: so muß es gewesen sein, sondern so kann es gewesen sein. Allerdings glaubt auch Savigny für seine Ansicht eine Analogie in Bezug nehmen zu können: die der Sprache, die sich in der That völlig unbewußt entwickelt hat, aber er verkennt dabei die Grundverschiedenheit zwischen Recht und Sprache, was ich bereits an anderer Stelle[2]) dargethan habe. Soll überhaupt eine Analogie angerufen werden, so kann es nicht die der Sprache, sondern nur die des Rechts selber in historischer Zeit sein.

---

2) S. meinen Kampf ums Recht S. 5 fl.

Wenn den Menschen der Schuh drückt, so ändert er ihn, oder macht sich einen neuen. Sollte es der Mensch in der Urzeit anders gemacht haben? Angenommen, die Erfahrung hätte ihn gelehrt, daß er bei Mord, Raub, Diebstahl nicht bestehen könne, wird er die Hände in den Schoß gelegt haben? Er wird sich mit den Seinigen vereinbart haben, gemeinsam einem Unwesen zu steuern, das Alle in gleicher Weise bedrohte. Was heißt das aber anders als: der Rechtssatz, welcher Mord, Raub, Diebstahl untersagt, ist gemacht worden?

Nehmen wir ein Bild zu Hülfe. Ein Weg führt durch den Urwald, durch die Wildnis. Jeder geht ihn, niemand hat ihn gemacht, er ist geworden, geworden dadurch, daß Tausende nach und nach ihn gegangen sind. Jetzt ist er fertig, völlig ausgetreten. Aber von Anfang an war er nicht da, er hat gesucht werden müssen, und es hat mancher Versuche bedurft, bis der kürzeste und bequemste Weg gefunden war; manches Gestrüpp mußte beseitigt, manche sumpfige Stelle ausgefüllt werden. Dann haben erst noch viele ihn austreten müssen, bis er fest ward. Jetzt geht die Masse ihn völlig gedankenlos. Aber sie kann es nur darum, weil andere ihr Denken daran gesetzt haben, ihn zu finden, und sie haben gewußt, was sie wollten — der Weg verdankt seinen Ursprung also nicht dem dunklen Drange, welcher die Masse unbewußt beseelte, sondern der bewußten Absicht einzelner Individuen; sie sind die Pfadfinder gewesen, welche der Masse das eigene Denken abgenommen haben. Der Weg ist das Gewohnheitsrecht, beide sind in ihrer jetzigen Gestalt eine Kollektivthat der Masse, — ohne Gewohnheit, d. i. fortgesetztes gleichmäßiges Handeln der Masse kein Gewohnheitsrecht; jeder hat also durch sein Handeln bei beiden seinen Teil beigetragen, daß sie fest wurden.

Warum hält die Masse die ihr durch das Gewohnheitsrecht vorgezeichneten Bahnen inne? Es gehört sich einmal so, weitere Rechenschaft legt sie sich darüber nicht ab. In dem Stadium des heutigen Gewohnheitsrechts ist es also in der

That die sog. opinio necessitatis der Theorie, welche die Masse leitet. Aber daraus ergiebt sich keineswegs, daß auch die Ersten, welche diese bestimmte Art des Handelns aufbrachten — die Pfadfinder des Gewohnheitsrechts — durch dasselbe Gefühl beseelt gewesen sein müssen. Der Schluß ist ein übereilter. Sie können sich dabei des Zweckes ebenso gut bewußt gewesen sein, wie die Pfadfinder des Weges, und ich selber habe Fälle erlebt, wo ich den Einfluß nachweisen kann, den einzelne hervorragende Individuen, die völlig bewußt und absichtlich handelten, auf Bildung einer Sitte innerhalb ihres Kreises ausübten. Freilich wenn es wahr wäre, was allgemein gelehrt wird, daß das Recht seinen Ursprung dem Rechtsgefühl verdanke, so wäre damit die Frage im entgegengesetzten Sinn entschieden, aber diese Ansicht — die Nativitätstheorie[3]) in besonderer Anwendung auf das Recht — ist unhaltbar.

Nicht das Rechtsgefühl hat das Recht, sondern das Recht hat das Rechtsgefühl erzeugt. Das Rechtsgefühl als das Ursprüngliche gesetzt, hieße: es ist dem Menschen angeboren. Wäre dies der Fall, so müßte es unter allen Himmelsstrichen und zu allen Zeiten dieselbe Sprache reden — es redet überall eine verschiedene. Und dann müßte auch sein angebliches Erzeugnis, das Recht, wenigstens im wesentlichen überall übereinstimmen — es herrscht die größte Verschiedenheit. Woher stammt sie?

Sie kommt auf Rechnung der realen Zustände des Volks und der Zeit, welche diese bestimmte Gestaltung des Rechts bedingten. Abhängigkeit des Rechts von den geschicht-

---

3) S. darüber meinen Zweck im Recht II S. 108 fl., wo ich dieser Theorie in Bezug auf den angeblichen Ursprung der sittlichen Grundsätze aus dem angeborenen Sittlichkeitsgefühl entgegengetreten bin; aber den Beweis habe ich dort noch nicht erbracht, in Bezug auf den Ursprung des Rechts kann ich ihn aber hier nicht umgehen, weil er mir den Weg bahnen soll für die im vorliegenden Werke zur Anwendung gebrachte Methode der römischen Rechtsgeschichte.

lichen Bedingungen der Völker und Zeiten und damit größte Mannigfaltigkeit desselben — das ist die Lehre, welche uns die Geschichte zu allen Zeiten predigt.

Damit ist die Theorie von dem Ursprunge des Rechts aus dem Rechtsgefühl, welche die wesentliche Gleichheit desselben mit sich bringen würde, unvereinbar. Das Recht ist zuerst da, die Not nennt sich seine Mutter; erst von ihm hat das Rechtsgefühl den ganzen Inhalt bezogen, den es fälschlich als angeborenen, als ureigenen ausgiebt.

Wie gelangt es zu dieser Täuschung? Einmal dadurch, daß diese Aufnahme beim Menschen höchst allmählich und völlig unmerklich zu einer Zeit erfolgt, wo das Bewußtsein noch nicht erwacht ist. Schon das Kind wird mit den wichtigsten Rechtsgrundsätzen vertraut, auch ohne daß sie ihm als solche gelehrt würden; es abstrahiert sie sich aus den Vorfällen des Lebens und dem Beispiel anderer, in derselben Weise wie aus dem Sprechen der Erwachsenen die Regeln der Sprache. Von niemandem erhält es eine Anleitung über den Gebrauch des Nominativs, Genitivs, Indikativs, Imperativs u. s. w., und doch eignet es sich denselben vollkommen richtig an. So sagt auch niemand dem Kinde, was Eigentum ist, aber es ist dafür gesorgt, daß es früh die praktische Bekanntschaft damit macht; der Apfel, den es seinem Gespielen nehmen will und den dieser behauptet, und das bloße Wörtchen „Mein", das es aus dessen Munde vernimmt, verschafft ihm die Anschauung vom Eigentum. Auch daß es geliehene Sachen zurückgeben muß, geschenkte behalten darf, sagt ihm niemand; es erlangt die Kenntnis davon in derselben Weise. So trägt die Atmosphäre, in der es lebt, wie die ersten Elemente der Bildung, so auch die des Sittlichen und des Rechts an das Kind heran, es atmet sie ein, ohne es zu wissen.

Zu dieser unbewußten geistigen Inhalation gesellt sich dann noch die Tradition hinzu: die Unterweisung durch Eltern, Lehrer und andere Personen.

Ist das Kind dann herangewachsen, so sind ihm die sittlichen Anschauungen und Grundsätze, die es auf diese Weise von außen in sich aufgenommen hat, so fest zu eigen geworden, daß es in ihnen ein Stück seines inneren Menschen erblickt, ohne das es sich selber nicht zu denken vermag und von dem es daher nicht anders annehmen kann, als daß es ihm von jeher zu eigen gewesen, angeboren sei. Auf Grund dieser bei jedem Menschen sich wiederholenden Erfahrung deduzieren uns dann die Philosophen, daß die Natur dem Menschen die sittlichen Grundsätze ins Herz gepflanzt habe, und daß er nur in sein Inneres hineinzugreifen brauche, um sie herauszuholen, und die Juristen fügen in Bezug auf die obersten Rechtsgrundsätze dann noch die Verweisung auf die gesunde Vernunft hinzu, welche jeden lehre, daß es nicht anders sein könne.

Sie haben recht damit, daß es nicht anders sein könne, es muß nur der Zusatz hinzugefügt werden: in unserer gegenwärtigen Welt. Aber einst war es anders, und gegen diese Thatsache der Geschichte kommt keine Berufung auf die gesunde Vernunft auf. Die Vernunft hat eben, weil und insofern sie gesund ist, auf jeder Stufe der geschichtlichen Entwicklung das Richtige, d. i. das den Verhältnissen Angemessene getroffen. Diese Funktion, das den gegebenen Verhältnissen Entsprechende zu finden, nicht der Inhalt als solcher bildet den Prüfstein der gesunden Vernunft, und so paradox es klingt, so ist es doch wahr: im unentwickelten Recht kann ungleich mehr gesunde Vernunft stecken, als im entwickelten — ein Vergleich des altrömischen Rechts mit unserem heutigen gemeinen Recht würde nicht zum Vorteil des letzteren ausfallen! Woher diese überraschende Thatsache? Die Antwort, die ich darauf erteile, mag befremden, und sie soll es, sie soll denen, die darüber nicht nachgedacht haben, die Augen öffnen: eine rohe Zeit hat vor einer hoch entwickelten einen unschätzbaren Vorzug voraus: sie kennt noch keine Principien. Wer aus der Geschichte den Unfug kennt, den die Principien angerichtet haben und unter unsern Augen noch täglich anrichten, wird es begreifen, daß eine Zeit, die ihrer entbehrte, und sich bloß auf die gesunde, d. i. lediglich den praktischen Zwecken sich zukehrende Vernunft angewiesen sah, dasjenige, was ihr not that, besser zu beschaffen im stande war, als eine hochentwickelte es vermag, deren geistiges Auge durch Principien umflort ist.

Nur wer sein Auge gegen die Geschichte verschließt, kann den Glauben nähren, daß die Natur dem Menschen die obersten Rechtsgrundsätze ins Herz gelegt habe. So wenig die Natur dem Menschen für alles andere, dessen er bedurfte, eine Anleitung mit auf den Weg gegeben hat, so wenig für das Recht. Was sie ihm mitgegeben hat, ist nichts als das Bedürfnis, das ihn unausgesetzt in Atem erhält, und der Verstand, um die richtigen Mittel zu seiner Befriedigung aufzufinden. Damit hat die Natur alles bei ihm fertig gebracht, vom Niedersten bis zum Höchsten. Alles und jedes hat er selber erst suchen, finden, erlernen, anfertigen müssen. Die ganze menschliche Welt mit Einschluß des Rechts und des Sittlichen ist die Schöpfung des Menschen, zu der die Natur ihm auch nicht den mindesten inhaltlichen Beitrag geliefert hat. Wie er erst auf einer weit vorgerückteren Stufe des Rechts durch die Erfahrung inne geworden ist, daß der Verkehr bei Betrug nicht bestehen kann (in Rom erst relativ recht spät), daß ein richtiges Familienleben sich nicht verträgt mit Polygamie u. s. w., ebenso in der frühesten Periode seines Daseins, daß ein Zusammenleben bei Mord, Raub und Diebstahl unmöglich ist Der Zweck hat alle diese Sätze ins Leben gerufen und wird im Lauf einer ferneren Entwicklung noch eine Menge anderer zu Tage fördern, von denen wir zur Zeit gar keine Ahnung haben.

Erst nachdem sie sich der gesellschaftlichen Ordnung so fest eingegliedert haben, daß dieselbe aus den Fugen gehen würde, wenn sie herausgenommen würden, entsteht der Glaube, daß sie sich von selbst verständen und von allem Anfang an dagewesen seien. Aber auch sie haben sich ablagern müssen; es sind die ersten Schichten, die sich abgelagert haben, und zu einer Zeit, über die uns jede Kunde fehlt. Auf ihnen, als den niedersten, haben sich dann später alle andern Schichten des Rechts abgelagert, und durch den Druck der oberen auf sie und ihr vieltausendjähriges Bestehen haben sie im Vergleich zu diesen eine Festigkeit erlangt, wie die Steinkohle im Vergleich zur Braunkohle und zum Torf. Da bildet sich dann leicht der Glaube, daß es mit dieser Urformation des Rechts eine gänzlich andere Bewandtnis habe, als mit allen späteren. Von diesen weiß man, daß sie menschliche Satzung sind, von jenen weiß man es nicht, und da wird dann für ein Werk der Natur ausgegeben, was in Wirklichkeit das der Geschichte ist. So haben es die griechischen Philosophen gethan, so thun wir es, und so machen es auch die römischen Juristen. Die naturalis und die civilis ratio, die ratio juris und die utilitas gelten ihnen als ganz verschiedene Dinge. Aber die ratio naturalis ist nur die in Vergessenheit geratene ratio civilis, die ratio juris nur abgelagerte utilitas, und diese Täuschung über ihr wirkliches Verhältnis wird sich zu allen Zeiten wiederholen. Nach Jahrtausenden wird dasjenige, was als ratio civilis oder utilitas seinen Einzug gehalten, allen denen, die den historischen Sachverhalt nicht kennen, als ratio naturalis gelten — die Braunkohle wird Steinkohle geworden sein.

In der Urzeit ist es nicht anders gewesen wie in der Gegenwart, der Urmensch hat sich seine Rechtseinrichtungen ebenso gut machen müssen wie wir heutzutage die unsrigen; es sind die Pfahlbauten des Rechts, zu denen die Natur ihm ebensowenig eine Anleitung gegeben hatte, wie zu denjenigen, die er in den Strom baute, um sich und die Seinigen zu sichern. Auch bei ihnen war es der Zweck der Sicherung, der ihn dabei leitete. Wie er sich mit anderen gegen den äußeren Feind verband, so auch gegen den inneren, der alle gleichmäßig bedrohte; seiner Macht ward die überlegene der Gesamtheit entgegengesetzt: ein Schutz- und Trutzbündnis zur Wahrung der gemeinsamen Interessen. Damit war in Wirklichkeit das Recht objektiv in die Welt gesetzt, denn sein Wesen besteht darin, daß der Gewalt des Einzelnen bestimmte Grenzen gesetzt werden, welche durch die Gewalt der Gesamtheit aufrechterhalten werden. Aber der Schluß, daß es auch subjektiv als solches erkannt worden sei, daß die Gemeinschaft, welche sich zu diesem Schutz- und Trutzbündnis vereint hatte, sich bewußt geworden sei, damit eine neue Potenz ins Leben gerufen zu haben, ist ein verfehlter, ihr Denken braucht sich von der Anschauung der Gewalt gar nicht zu erheben, um sich des Gegensatzes bewußt zu werden: in dem einen Fall war die Gewalt dem Einzelnen von der Gesamtheit untersagt, in dem andern verstattet. Einen Beweis dafür bietet die Thatsache, daß es Völker auf niedriger Kulturstufe giebt, denen in ihrer Sprache das Wort „Recht", d. i. also das Bewußtsein davon gänzlich fehlt, obschon ihnen die Sache selber, ein geordneter gesellschaftlicher Zustand nicht fremd ist. Es ist die naive Periode des Rechts, wo es objektiv, thatsächlich da war, ohne subjektiv als solches erkannt zu werden, und jedes Volk hat sie zurücklegen müssen, bis ihm allmählich das Verständnis für das Recht aufgegangen ist. Zuerst ist dies geschehen in der am leichtesten zugänglichen Form des subjektiven, konkreten Rechts, des Gefühls der eigenen Berechtigung, des Rechtsgefühls, dann erst in der des abstrakten oder objektiven Rechts.

Das Recht ist also in der Urzeit früher dagewesen als das Rechtsgefühl. Das Recht hat erst da sein müssen, bevor es seinen Reflex in die Seele des Menschen werfen konnte; die äußere Ordnung der Gesellschaft hat erst festgestellt werden müssen, bevor das Individuum ihr den Anspruch entnehmen konnte, den Zwang, den die Gesellschaft für ihre Aufrechterhaltung in Bereitschaft hält, zu seinen Gunsten in Vollzug gesetzt zu sehen.

Untersuchen wir, wie es sich in der historischen Zeit mit dem Verhältnis des Rechtsgefühls zum Recht verhält.

Die Geschichte führt uns zwei Gestaltungen desselben vor. Die eine: das Rechtsgefühl reicht über das Recht der Zeit nicht hinaus, es befindet sich im Bann der beschränkten, unvollkommenen Anschauungsweise, die in ihm verwirklicht ist und von der unser heutiges Rechtsgefühl sich in einer Weise freigemacht hat, daß wir staunend fragen: wie war es möglich, daß auch die erleuchtetsten Geister der Zeit sich von dem Banne nicht zu befreien vermochten. Die zweite: das Rechtsgefühl ist dem Recht der Zeit vorangeeilt, es befindet sich im Widerspruch mit Grundsätzen, Einrichtungen, die dasselbe aufrecht erhält und begehrt deren Beseitigung.

Das Rechtsgefühl unter dem Banne des Rechts der Zeit. Ich glaube das eben darüber Gesagte nicht besser veranschaulichen zu können, als an dem Beispiel eines der größten Denker, die je gelebt haben. Es ist Plato. Er nimmt an dem Institut der Sklaverei nicht den mindesten Anstoß, im Gegenteil, er deduziert ihre Rechtmäßigkeit. Und doch wäre, wenn irgend jemand, gerade er befähigt und berechtigt gewesen, ihre Unrechtmäßigkeit zu erkennen. Ein Mann, der, wie er, einen Idealstaat konstruierte, bei dem er sich von aller Wirklichkeit gänzlich lossagte, hätte, sollte man sagen, die Schwungkraft des Geistes besitzen sollen, um sich auch in diesem Punkte über die Wirklichkeit zu erheben. Aber sein Rechtsgefühl stand unter dem Bann der Wirklichkeit. Das Institut der Sklaverei war mit den Gewohnheiten und Interessen des griechischen Lebens in einer Weise verwachsen, daß der Gedanke seiner Unrechtmäßigkeit in Platos Seele keinen Raum fand — sein Rechtsgefühl reichte über das Recht seiner Zeit nicht hinaus.

Aussetzung der Kinder erscheint uns heutzutage als sittlicher Greuel. Der Römer der ältesten Zeit fand nichts Anstößiges daran, die weiblichen Geburten auszusetzen, nur die älteste Tochter und alle Söhne gebot das Recht ihm aufzuziehen. Woher diese Verschiedenheit des Rechts in Bezug auf das Geschlecht? Reagierte das sittliche Gefühl des Römers auf die Aussetzung von Söhnen anders, als auf die von Töchtern? Es war lediglich das Interesse des Gemeinwesens, welches sie in dem einen Fall untersagte, in dem andern Fall verstattete. Der Männer konnte es nie genug geben, denn der Krieg räumte unausgesetzt unter ihnen auf, an Frauen hatte man lieber zu wenig als zu viel. Diesen Satz, den das *Interesse* geschaffen, nahm das *Rechtsgefühl* widerspruchslos in sich auf.

In der Vorzeit entledigte man sich der unbrauchbaren Greise, indem man ihrem Leben gewaltsam ein Ende machte. Das Rechtsgefühl des Volks nahm daran also keinen Anstoß. Woher diese unmenschliche Sitte? Die Greise konnten dem Gemeinwesen keine Dienste mehr leisten, sie aßen ihr Brot unnütz. Abermals dasselbe Verhältnis zwischen Rechtsgefühl und Interesse: das Rechtsgefühl ordnete sich dem schnödesten Interesse willig unter.

Aber alle drei Einrichtungen sind später beseitigt worden. Warum? Weil das Rechtsgefühl an ihnen Anstoß nahm. Da haben wir die zweite Gestalt des Verhältnisses zwischen ihm und dem Recht: *Vorsprung des Rechtsgefühls vor dem Recht.*

Aber mit diesem Vorsprunge hat es eine ganz eigentümliche Bewandtnis. Bei genauerer Untersuchung desselben bin ich zu dem Ergebnis gelangt, daß mit dem unbestimmten Ausdruck Rechtsgefühl, der doch nur im Sinne des Rechtsgefühls des *Volks* genommen werden kann, vieles zugedeckt wird, was garnicht auf Rechnung des Volks, sondern einzelner hervorragender Geister zu setzen ist, welche sich zuerst von den hergebrachten Anschauungen losgerissen, und indem sie die öffentliche Meinung für sich gewannen, die Gesetzgebung nötigten, die von ihnen vorgezeichnete Bahn einzuschlagen. An dem Kampf, den sie eröffneten, war das Volk, ich meine die große Masse, gänzlich unbeteiligt; er spielte sich ab auf Höhen der Wissenschaft und der Litteratur, die der großen Menge unzugänglich sind, die Schlacht ward geschlagen ohne ihr Zuthun. Erst nachdem der Sieg errungen und der Umschwung im Recht erfolgt ist, vollzieht sich nach und nach auch bei ihr die entsprechende Änderung der Anschauungsweise, das Neue schlägt allmählich Wurzeln im Rechtsgefühl des Volks, und ein oder einige Jahrhunderte später genießt derselbe Satz, der bei seinem ersten Auftreten sich mit der bisherigen volkstümlichen Auffassung in schroffsten Widerspruch setzte, das Ansehen einer durch das Rechtsbewußtsein des Volks getragenen Wahrheit. Dann heißt es: sie sei ein Ausfluß des nationalen Rechtsgefühls, während dieses doch in Wirklichkeit auch hier nicht dem Recht vorangeeilt, sondern gefolgt war. Hätten wir darauf warten müssen, bis das Rechtsgefühl des Volks sich regte, wir besäßen noch das Strandrecht, die Hexenprozesse, die unmenschlichen Strafen des Mittelalters und viele andere Greuel, an denen das Rechtsgefühl des Volks einst nicht den mindesten Anstoß nahm. Daß sie von uns genommen sind, verdanken wir nicht ihm, sondern der Einsicht und den Bemühungen erleuchteter Geister, die weiter blickten als das Volk. Sie sind zu allen Zeiten die Pfadfinder und Bahnbrecher gewesen, wie auf allen andern Gebieten, so auch auf dem des Rechts, in der Urzeit sowohl wie auf den vorgerückteren Stufen des Rechts. Haben sie den richtigen Weg entdeckt, eine neue Bahn erschlossen, so schlägt das Volk sie ein, ohne viel zu denken, es wiederholt sich hier derselbe Vorgang wie beim Gewohnheitsrecht (S. 15).

Denkende Köpfe und thatkräftige Persönlichkeiten nehmen der Masse die Mühe des eigenen Denkens und der eigenen Arbeit ab, die Geschichte des Rechts ist die des zielbewußten Denkens und der menschlichen Thatkraft, — die Lehre von den Eingebungen, welche dem brütenden, träumenden Volksgeist von selbst zufallen, ist eine Fabel. Nur da, wo bestehende Rechtseinrichtungen mit schwerem Druck auf der Masse lasten, gelangt auch sie zum Nachdenken über sie; da erhebt auch sie ihre

Stimme, daß Wandel geschaffen werde. So hat es der Bauer gethan in Bezug auf den Wildschaden, so thun es jetzt die arbeitenden Klassen in Bezug auf die Verbesserung ihres Loses. Sagen wir immerhin, daß hier das Rechtsgefühl des Volks seine Stimme laut werden läßt, aber vergessen wir zweierlei dabei nicht. Einmal, daß es erst des Interesses bedarf, um es zum Sprechen zu bringen, und sodann, daß es den Grund zu seiner Forderung dem vorhandenen Recht selber entnimmt. Wenn der Bauer Schutz gegen den Wildschaden begehrte, so verlangte er damit nur die volle Verwirklichung des Eigentumsschutzes, den das Recht im übrigen bereits vollständig durchgeführt und nur allein ihm versagt hatte. Die Forderung, welche das Rechtsgefühl hier erhob, war im Recht selber begründet, es war nur eine von ihm selber nicht verwirklichte Konsequenz seiner sonstigen Grundsätze. Und nicht anders verhält es sich mit der Forderung der arbeitenden Klassen auf Aufbesserung ihres Loses; auch sie war durch alles das, was die Kirche, die Gesetzgebung, die Staats- und Kommunalverwaltung und die freie Association in dieser Richtung beschafft hatten, längst vorbereitet; im alten Rom wäre sie ganz undenkbar gewesen, auch das Denken des Ärmsten und Elendesten hätte sich nicht zu der Idee aufgeschwungen, daß die Gesellschaft die Verpflichtung habe, sich seiner anzunehmen. Woher denn jetzt dieser Umschwung im Rechtsgefühl der Masse? Er trägt seinen Grund nicht in sich selber, er ist nicht spontan von innen heraus erfolgt, sondern er verdankt seine Anregung den Einrichtungen, in denen der Gedanke, dessen volle Durchführung man verlangt, schon zum Teil verwirklicht war. Das Rechtsgefühl des Volks erscheint hier als das Kind, das die Mutter beim Wort nimmt. Was du mich gelehrt hast, ruft es dem Recht zu, mache zur vollen Wahrheit, du bist hinter den Lehren, die du selber aufgestellt hast, zurückgeblieben.

Ich habe damit eine Erscheinung berührt, deren geschichtliche Tragweite über das Verhältnis, welches es mir nötig macht, sie zu erwähnen, weit hinausragt. Es ist die Kritik des Rechts durch sich selber. Wer dem Gedanken, den ich damit ausgesprochen habe, ohne ihn an dieser Stelle weiter ausführen zu können, nachgehen will, wird sich überzeugen, daß er ein äußerst fruchtbarer ist. Auf diesem Wege der Kritik des Rechts durch sich selber sind auf Gebieten, die dem Interesse und Rechtsgefühl des Volks gänzlich fernliegen, durch die Wissenschaft gar manche Fortschritte herbeigeführt worden, die nunmehr den Schein erregen, als ob sie der durch nichts beeinflußten wissenschaftlichen Anschauung, sagen wir dem spekulativen Denken ihren Ursprung verdanken. Als Beispiel aus neuerer Zeit nenne ich das Urheber- und Patentrecht. Noch im vorigen Jahrhundert duldete die Gesetzgebung das litterarische Piratentum des Nachdrucks. Wodurch ist sie anderen Sinnes geworden? Dadurch, daß diejenigen, die unter dem Unwesen litten, Buchhändler und Schriftsteller, ihre Stimme erhoben und für ihre Arbeitsprodukte denselben Rechtsschutz verlangten, den die Gesetzgebung allen anderen zugestand. Das Interesse hatte ihnen die Forderung eingegeben, wie in den beiden obengenannten Fällen dem Volk, aber den Grund entnahmen sie dem Recht selber, sie forderten nichts, als daß dieses mit einem Gedanken, den es im übrigen durchgeführt hatte — daß nämlich dem Arbeiter das Arbeitsprodukt gehöre — volle Wahrheit mache. Diese durch seine Selbstkritik an das Recht herantretende Nötigung, aus halben Wahrheiten ganze zu machen, wird voraussichtlich noch Fortschritte im Recht herbeiführen, von denen wir uns zur Zeit nichts träumen lassen. Zuerst dürfte wahrscheinlich das Völkerrecht an die Reihe kommen, zuletzt das Familienrecht. Sind sie beschafft, so wird es heißen, der Umschwung im modernen Rechtsgefühl habe sie bewirkt, während doch in Wirklichkeit dieser Umschwung auf Rechnung des Rechts kommt, das durch seine Einrichtungen und Grundsätze die Anregung zum weiteren Fortschreiten geboten hatte.

Ich fasse das Ergebnis meiner bisherigen Untersuchungen

über das Verhältnis des Rechtsgefühls zum Recht kurz zusammen. Während die herrschende Ansicht dahin geht, daß dieses Verhältnis auf allen Stufen der Rechtsentwicklung stets das gleiche sei, glaube ich an der Hand der Geschichte dargethan zu haben, daß es ein wechselndes, und zwar ein dreifaches ist: Vorsprung des Rechts vor dem Rechtsgefühl — Kongruenz beider — Vorsprung des Rechtsgefühls vor dem Recht. Es verhält sich mit beiden so wie mit dem Schatten eines Wanderers, der sich vor Tagesanbruch auf den Weg macht und den ganzen Tag von Westen nach Osten geht. Bevor die Sonne aufgegangen, wirft er noch keinen Schatten, ist sie aufgegangen, so fällt sein Schatten je nach ihrem wechselnden Stande bald hinter ihn, bald ihm zur Seite, bald ihm voraus. Der Wanderer ist das Recht, sein Schatten das Rechtsgefühl, die Sonne die Geschichte. Nach Verschiedenheit der geschichtlichen Entwicklungsstufen des Rechts ist das Rechtsgefühl bald gar nicht da — in der Urzeit, als das Recht sich erst bildete —, bald bleibt es hinter ihm zurück, bald befindet es sich mit ihm auf gleicher Höhe, bald eilt es ihm voraus. Immer aber hat das Rechtsgefühl das Recht zur Voraussetzung. Die Annahme, daß es allem Recht vorangegangen sei, ist in meinen Augen um nichts besser, als der Gedanke, daß der Schatten vor dem Wanderer das Haus verlassen habe, weil er ihm am Nachmittage voraus ist, — auch da, wo es einen Vorsprung vor ihm gewonnen hat, verdankt es die Möglichkeit dazu nur dem Umstand, daß es in der Schule des Rechts groß geworden ist.

Ich schließe hiermit meine Ausführungen über die Lehre vom unbewußten Werden des Rechts ab, und ich glaube, das Ergebnis derselben in den Satz zusammenfassen zu dürfen, daß sie auf historische Wahrheit keinen Anspruch hat. Sie ist ein reines Phantasiegebilde, das zu den realen Vorgängen, welche die Entwicklung des Rechts in historischer Zeit uns vorführt, in keiner Weise stimmt und nur einer selbstgeschaffenen Vorstellung von der Entstehung des Rechts in der Urzeit seinen Ursprung verdankt.

Der Lehre vom unbewußten Werden des Rechts setze ich meinerseits, um es einmal in aller Schroffheit auszudrücken, die des bewußten Machens entgegen. Das Recht ist kein Ausfluß des naiv im dunklen Drang schaffenden Rechtsgefühls, jenes mystischen Vorgangs, welcher dem Rechtshistoriker jede weitere Untersuchung abschneiden und ersparen würde, sondern es ist das Werk menschlicher Absicht und Berechnung, die auf jeder Stufe der gesellschaftlichen Entwicklung das Angemessene zu treffen bestrebt war. Die Geschichte des Rechts ist die Geschichte des menschlichen Denkens in Bezug auf die praktische Verwirklichung der Lebensbedingungen der menschlichen Gemeinschaft. In diesem Sinne ist also alles Recht auf Erden gemacht worden, der Schein des Werdens beruht nur darauf, daß uns der Einblick in das Machen in vielen Fällen versagt ist.

Damit habe ich den Gesichtspunkt namhaft gemacht, durch den ich mich bei diesem Werk habe leiten lassen. Ich konnte es nicht, ohne mich mit der zur Zeit noch herrschenden Lehre vom Gewohnheitsrecht und der rechtsschöpferischen Kraft des Rechtsgefühls auseinander zu setzen, und das war wieder ohne eine eingehende Ausführung nicht möglich. Mit dem Gegensatz beider Auffassungsweisen ist eine verschiedene Art der Behandlung der Rechtsgeschichte gegeben. Läßt der Rechtshistoriker sich durch die herrschende leiten, so genügt es, wenn er einfach die Thatsächlichkeit der geschichtlichen Entwicklung des Rechts zur Anschauung bringt; den Gründen braucht er nicht nachzugehen und kann ihnen nicht nachgehen, sie liegen beschlossen im dunklen Grunde der Volksseele. Ist er dagegen mit mir von der Überzeugung durchdrungen, daß das Recht das Werk menschlicher Absicht und Berechnung ist; so wird er es sich angelegen sein lassen, den Gründen, welche die Bewegung des Rechts verursachten, nachzuforschen, und das habe ich in diesem Werke versucht. Damit gelange ich zu dem Kausalitätsgedanken im Recht zurück.

Von einer Kausalität im Recht können wir im doppelten Sinn sprechen. Einmal in dem des Zweckes (causa finalis), und sodann in dem des Grundes (causa efficiens). Der Zweck ist nicht etwas, was sich der Mensch beliebig setzt, sondern er wird dazu durch irgend einen Impuls, einen inneren oder äußeren getrieben. Einen inneren, der in ihm selber in seiner Persönlichkeit gelegen ist: der Böse setzt sich andere Zwecke als der Gute, der Bauer andere als der Gelehrte. Einen äußeren, der in der Außenwelt gelegen ist: gewisse Lebenslagen tragen an den Menschen Zwecke heran, die er, abgesehen von ihnen, sich nicht gesetzt haben würde, so z. B. ein Angriff, der ihn zur Verteidigung oder zur Flucht nötigt. Diese Abhängigkeit der Zwecksetzung von inneren und äußeren Impulsen gilt, da sie das von der Natur dem Willen vorgezeichnete Grundgesetz enthält, wie für den Willen des Individuums, so auch für den der Gesamtheit, d. i. für das Recht.

Damit habe ich angegeben, was ich unter dem Kausalitätsgedanken in der Geschichte des Rechts verstehe. Es ist die Darlegung der historischen Thatsachen, welche es bewirkt haben, daß das Recht auf dieser bestimmten Stufe seiner Entwicklung diese bestimmte Gestalt an sich trägt: der inneren Impulse, d. i. des Volkscharakters, der Sinnes- und Denkweise des Volks und seiner Kulturstufe zu dieser gegebenen Zeit; — der äußeren Impulse, d. i. seiner wirtschaftlichen, socialen, politischen Zustände, und ganz besonders auch seiner Berührung mit anderen Völkern, deren maßgebender Einfluß gerade in der Entwicklungsgeschichte des römischen Rechts mit hellen Zügen verzeichnet steht. Er ist doppelter Art, unmittelbar und mittelbar. Unter jener verstehe ich die Herübernahme fremder Rechtssätze und Rechtseinrichtungen, oder gar fremder Rechtsquellen in das einheimische Recht (Reception des Rechts), unter dieser die Beeinflussung des einen Volks durch das andere in seiner Denk- und

Sinnesweise, seiner Sitte und Lebensführung, soweit dieselbe auf das Recht zurückgewirkt hat, und auch die Beeinflussung der Jurisprudenz durch fremde Wissenschaft, kurz den Import eines geistigen und moralischen Fluidums, der als solcher nicht wahrnehmbar ist, aber sich aus der Umwandlung, die mit dem Recht vorgegangen ist, erschließen läßt.

Ich fasse alle diese äußeren und inneren Impulse zusammen unter dem Gesichtspunkt des historischen Grundes. Nur auf ihn habe ich es bei dem in Aussicht gestellten Nachweis des Kausalitätsgedankens im römischen Recht abgesehen, der Zweck, der das zweite Glied des Kausalitätsgedankens bildet, wird von mir nicht weiter in Betracht gezogen werden, als er ein historisches Interesse beanspruchen kann. Es würde müßig sein, bei Rechtssätzen, die ihren Zweck offen zur Schau tragen — wie z. B. dem Satz, welcher auf Raub, Diebstahl eine Strafe setzt, den Darlehnsempfänger zur Rückzahlung verpflichtet u. s. w. — über den Zweck noch ein Wort zu verlieren; derartige Rechtssätze gehören zu dem eisernen Bestande des Rechts, der sich überall wiederholt und den der Historiker dem Dogmatiker oder Rechtsphilosophen überlassen kann. Nur in zwei Beziehungen können auch sie die Aufmerksamkeit des Historikers auf sich ziehen. Einmal nämlich in Bezug auf die ungewöhnlich frühe oder späte Zeit ihres geschichtlichen Auftretens und sodann in Bezug auf die befremdende Art der Verwirklichung des Zweckes: in beiden Richtungen werfen sie oft ein helles Schlaglicht auf die Zeit, der sie angehören. Als Beispiel der erstern Art nenne ich die ungewöhnlich frühe Ausbildung des Grundeigentums im ältesten römischen Recht und das ungewöhnlich späte Auftreten der actio doli im späteren Recht, als Beispiel der zweiten Art das grelle Mißverhältnis zwischen der Bestrafung der Eigentumsvergehen (Diebstahl, Grenzverrückung) und der Injurien im ältern Recht. Es wird sich seiner Zeit zeigen, welche Schlüsse der Rechtshistoriker daraus zu entnehmen hat.

Von dem historischen Grunde in dem oben angegebenen Sinn, der causa legis, unterscheide ich den äußern Anlaß der gesetzlichen Bestimmungen: die sogenannte occasio legis. Derartige äußere Anlässe werden uns für einige römische Rechtssätze hier und da bezeugt, so z. B. für die actio injuriarum aestimatoria des prätorischen Edikts (Gell. XX 1, 13) und für das SCtum Macedonianum (l. 1 pr. de SCto Maced. 14, 6). Aber wissenschaftlich hat die Kenntnis derselben nicht den mindesten Wert, wir erfahren damit nur, daß die Unzulänglichkeit des bisherigen Rechts bei Gelegenheit eines einzelnen Falls ins Bewußtsein getreten ist, nicht aber die Gründe, welche es bewirkt hatten, daß dasselbe Recht, welches der früheren Zeit als vollkommen ausreichend erschien, der späteren nicht mehr genügte.

Unter den Rechtssätzen und Rechtseinrichtungen, welche denselben historischen Grund gemeinsam haben, giebt es manche, welche ganz verschiedenen Gebieten des Rechts angehören: die einen dem öffentlichen Recht, die andern dem Privatrecht, die einen dem Obligationen-, die andern dem Eigentums- oder Erbrecht, die einen dem Prozeß-, die andern dem materiellen Recht. Wollte der Rechtshistoriker, wie es die gangbare Methode der römischen Rechtsgeschichte thut, das System der Dogmatik zu Grunde legen, so würde er keine Stelle finden, um die Wirksamkeit des einheitlichen, sie alle in gleicher Weise beherrschenden Gedankens in zusammenfassender Darstellung zur Anschauung zu bringen. Als Beispiel nenne ich den Grundsatz der Unzulässigkeit der Stellvertretung im alten Recht. Er enthält den Grund und damit zugleich die Erklärung für eine Reihe systematisch gänzlich verschiedener Institute: die prokuratorische Fiducia auf dem Gebiet des Eigentums, das prokuratorische Prekarium auf dem des Besitzes, die Adstipulatoren und Adpromissoren auf dem des Obligationenrechts. Ihnen allen ist gemeinsam die eigentümliche Art der Verwirklichung des Zwecks der Stellvertretung in Form eigenen Rechts. Ein anderes Beispiel gewährt der Einfluß der Ausdehnung des römischen Staats- und Handelsgebietes auf die Umgestaltung des Rechts. Bei der ursprünglichen Kleinheit des Gebietes war das vom alten Recht aufgestellte Erfordernis der Gegenwart beider Parteien bei Abschluß von Rechtsgeschäften und Erhebung von Rechtsstreitigkeiten ohne erhebliche Schwierigkeiten praktisch durchführbar. Die weite Ausdehnung des Gebietes machte es notwendig, den Verkehr und die Rechtsverfolgung auch unter Abwesenden zu ermöglichen und dem Abwesenden gegen die unverschuldeten Folgen seiner Abwesenheit Abhülfe zu gewähren. Dieser Rücksicht verdankt eine Menge neuer Rechtserscheinungen ihren Grund, so z. B. die formlosen Verträge des jus gentium, die formlosen Freilassungen, die Zulassung der Stellvertretung im Prozeß und beim Abschluß von Rechtsgeschäften, die restitutio propter absentiam und manches andere.

Das Gesagte bestätigt nur die Richtigkeit des schon früher (S. 10 f.) von mir entwickelten Satzes: das System der Dogmatik paßt nicht für die Geschichte, der Historiker hat nicht die Aufgabe, den systematischen, sondern den historischen Zusammenhang zur Anschauung zu bringen, und wo derselbe in dem historischen Grunde gelegen ist, hat er sich durch ihn leiten zu lassen.

Wie der Kausalitätsgedanke für den Historiker eine andere Art der Gruppierung des Stoffs bedingt, als für den Dogmatiker, ebenso auch eine andere Art der Beweisführung. Ich fasse den Gegensatz kurz in die Worte: die Beweisführung des Dogmatikers ist ebenso wie die des Mathematikers die des logisch zwingenden, die Beweisführung des Historikers die des historisch ausreichenden Grundes (causa sufficiens).

Ich veranschauliche den Gegensatz an dem zweiten von mir angeführten Beispiel. Es könnte hier der historische Grund der Umwandlung des Rechts denkbarerweise auch in etwas anderem gelegen haben, als in der Ausdehnung des Staats-

und Handelsgebiets, sie könnte sich auch ohne allen äußeren Anlaß rein auf dem Wege des inneren Ausreifens der Rechtsanschauung vollzogen haben, und so lange für jene Behauptung nicht durch Quellenzeugnisse ein direkter Beweis beigebracht ist, den ich nicht in der Lage bin zu erbringen, stehen sich einfach zwei Möglichkeiten gegenüber, von denen die eine keinen höheren Wert beanspruchen kann, als die andere. So würde und müßte das Urteil des Dogmatikers lauten, wenn er seine Art der Beweisführung hier zur Anwendung bringen wollte, und dieser Fehler wird in der That nicht selten begangen, aber eben damit würde er nur darthun, daß er die Verschiedenheit des historischen und dogmatischen Beweises nicht erkannt hat.

Der Einwurf lautet: es könnte die Thatsache auch einen andern Grund gehabt haben. Gewiß! sie könnte es. Aber ebenso könnte auch, wenn jemand einen Stein über die Mauer geworfen hat, und das Fenster eines Mistbeetes zertrümmert ist, gleichzeitig ein anderer geworfen haben, oder ein Stein von der Mauer gefallen sein, und doch wird kein verständiger Richter sich abhalten lassen, hier den Beweis als erbracht anzusehen. In noch gesteigertem Maße tritt diese Art der Beweisführung, deren Wesen darin besteht, daß sie der Möglichkeit des Gegenteils Raum läßt, im Strafverfahren beim Indicienbeweise zu Tage. Das ist aber keine andere Art der Beweisführung, als wie ich sie für den Historiker in Anspruch nehme: der historische Beweis, der mit dem ausreichenden Grunde operiert, im Gegensatz zum logisch zwingenden. Wollte man ihn da, wo er am Platze ist, d. i. überall, wo es sich um den Kausalzusammenhang von Thatsachen im Leben oder in der Geschichte handelt, wegen des angegebenen Mangels für unzureichend erklären, so würde der Richter in allen Fällen, wo ein Verbrechen nicht durch direkte Zeugenaussagen bewiesen werden kann, den Verbrecher freizusprechen haben, und der Historiker würde zumeist nichts bieten können, als eine wüste

Masse zusammenhangsloser Thatsachen — an dem historischen Beweise hängt die Rechtspflege und die Geschichtsschreibung.

Für die römische Rechtsgeschichte ist der direkte Beweis des Kausalnexus kaum je zu erbringen, die Quellen berichten uns regelmäßig bloß die äußern rechtshistorischen Thatsachen, ohne anzugeben, wie die eine durch die andere beeinflußt worden ist. Da muß denn die historische Kombination das ihrige thun, um die Kausalitätsverbindung zwischen ihnen herzustellen, und sie hat das ihrige gethan, wenn sie einen Grund ermittelt hat, der nach Maßgabe der Erfahrung ausreicht, den Zusammenhang beider verständlich zu machen. Daran beweist sich die eigentümliche Gabe des Historikers, die sich durch keinen Fleiß ersetzen läßt: der historische Blick, das Divinationsvermögen, welches mit Hülfe der Phantasie die Vergangenheit im Geist heraufbeschwört und ihr die Antwort auf Fragen entlockt, auf welche die historische Überlieferung sie versagt. Möglich, daß er sich dabei täuscht. Dieser Gefahr muß er sich aussetzen, die Wissenschaft kann es ertragen, dafür sorgt schon die Kritik. Selbst die Irrwege, die er eingeschlagen hat, haben nicht selten die ausgiebigsten Früchte getragen, indem sie Bahnen eröffneten, welche schließlich zum richtigen führten, das auf dem streng korrekten Wege nie erreicht worden wäre. Verfehlte Hypothesen und gewagte Kombinationen haben sich vielfach als der erste Schritt zur Entdeckung der Wahrheit herausgestellt, es war bereits die Ahnung des Richtigen, die sich in ihnen kundgab, es sind Leuchtkugeln, geworfen ins Dunkle, welche die suchende Wissenschaft einmal nicht entbehren kann; haben auch nur einige von ihnen Dinge ins Licht gesetzt, die man bisher nicht wahrgenommen hat, so haben sich die übrigen, die nutzlos geworfen sind, bezahlt gemacht.

An solchen Hypothesen werde auch ich es in diesem Werke nicht fehlen lassen, der Erfolg muß darüber entscheiden, ob ich wohl daran gethan habe. Ich bereite den Leser darauf vor, daß nicht alle im Gewande der Hypothese auftreten werden.

Wo sich in den Zusammenhang einer im übrigen völlig beglaubigten historischen Darstellung eine vereinzelte Hypothese einschiebt, werde ich sie auch als solche einführen. Wo dagegen der ganze Aufbau auf hypothetischer Grundlage ruht — z. B. bei der Rekonstruktion des Systems der Rechtsverfolgung in ältester Zeit, der zwiefachen Art des Eigentums an res mancipi und nec mancipi, des Rechtszustandes der Peregrinen nach Maßgabe des Edikts des praetor peregrinus — da werde ich die Form der historischen Schilderung wählen. Nicht um das Unsichere mit dem falschen Schein des Sicheren zu bekleiden, sondern um vor den Augen des Lesers ein anschauliches, zusammenhängendes Bild des ganzen Baus entstehen zu lassen, was mir nicht möglich wäre, wenn ich meine Schilderung unausgesetzt durch Darlegung der Beweiskraft der einzelnen historischen Anhaltspunkte unterbrechen müßte. Letztere werden sich derselben als einzelne Stücke eingliedern, indem ich es dem sachkundigen Leser überlasse, ihre Beweiskraft zu würdigen, auch wo ich meinerseits sie nicht hervorgehoben habe. Die überzeugende Kraft meiner Deduktion liegt hier in der Schlüssigkeit des G a n z e n, in der Art, wie eins sich ins andere fügt: das Sichere in das Unsichere, beides sich gegenseitig ergänzend und stützend. Wie der Herausgeber einer Handschrift die verwischten oder unleserlichen Schriftzüge des Textes aus dem Zusammenhang ergänzt und die innere Schlüssigkeit des Gedankens, den er auf diese Weise gewonnen hat, für seine Rekonstruktion des Textes anruft, so thue auch ich es, indem ich für jene Hypothesen die Thatsache in die Wagschale werfe, daß sie ein von einem einzigen Gedanken beherrschtes Ganze herstellen. Wer sie im einzelnen zerpflücken will, wird leichte Mühe haben, kein einzelnes der von mir aufgebotenen Argumente enthält den vollen Beweis. Es verhält sich damit nicht anders wie mit dem Zerpflücken eines Indicienbeweises von seiten des Vertheidigers des Angeschuldigten. Die Geschworenen lassen sich dadurch nicht abhalten, trotzdem ihr Schuldig auszusprechen, sie halten sich an den überzeugenden Gesamteindruck. Ich bitte darum, daß dasselbe auch bei dem historischen Indicienbeweise dieses Werkes geschehe.

Ich kehre schließlich noch einmal zu dem Grundgedanken dieses Buchs, dem Kausalitätsgedanken, zurück.

Schwerlich wird sich der Leser aus demjenigen, was ich im bisherigen darüber gesagt habe, bereits eine zutreffende Vorstellung von der Rolle machen, welche dieser Gedanke in dem Werke spielen wird, und die zwei Beispiele, deren ich mich oben (S. 31, 32) zur Veranschaulichung des dort aufgestellten Gesichtspunkts bediente, sind nicht geeignet, ihm eine solche Vorstellung zu gewähren. Wäre es mir nur um seine Verwertung bei einzelnen Gelegenheiten zu thun gewesen, es hätte des gewaltigen Apparats an allgemeinen Ideen nicht bedurft, den ich in dieser Einleitung aufgeboten habe, um ihn zu begründen. Das wäre um nichts besser, als wenn ein Baumeister, der bloß im Innern des Hauses einige kleine Veränderungen anbringen soll, ein Gerüst wie zu einem Neubau aufschlagen wollte. Aber ich konnte die Beibringung jenes Apparates nicht umgehen, ich mußte mir reine Bahn schaffen, um den Weg zu wandeln, den ich mir vorgesetzt hatte, ich mußte das Blendwerk zerstören, mit dem die herrschende Lehre von der Entwicklung des Rechts von innen heraus nebst allem, was damit zusammenhängt, den Blick des Historikers gefangen hält, um Raum zu schaffen für die Auffassung, die ich dafür an die Stelle setze und durch die ich mich in diesem Buch leiten lassen werde: Beeinflussung des Rechts durch die Außenwelt. Es war mir dabei nicht lediglich um das römische Recht zu thun, mein Absehen war auf etwas höheres gerichtet. Es verhält sich mit meinem gegenwärtigen Werk ebenso wie mit meinem Geist des römischen Rechts, es soll auch durch dieses eine von der bisher gangbaren abweichende Behandlungsweise der Rechtsgeschichte in die Wissenschaft eingeführt werden. Wie jenes sie auf die in den einzelnen Instituten sich wiederholenden allgemeinen Ideen aufmerksam machen sollte, so soll dieses ihr die Augen öffnen über die Bedeutung und Fruchtbarkeit des Gedankens der äußeren Kausalität in der Geschichte des Rechts, indem es am römischen Recht den Nachweis erbringt, daß alle Wendepunkte in der Geschichte desselben auf Rechnung äußerer Impulse kommen. Es ist eine Tendenzschrift, es soll werben für eine neue geschichtliche Auffassungsweise, für sein Programm praktische Propaganda machen. Auch wenn ich selber das richtige Wort für den Erfolg, den ich herbeizuführen gedenke, unterdrücken wollte, es würde sich dem Leser auf die Lippen drängen: Umschwung in der bisherigen Methode der Rechtsgeschichtsschreibung.

Es ist kein anderer, als derselbe, der sich auf dem Gebiete der Naturwissenschaft und der Medizin in unserem Jahrhundert vollzogen und beiden bereits die wertvollsten Früchte getragen hat: Erkenntnis der durch äußere Impulse eingeleiteten inneren Vorgänge. Von wie vielen Vorgängen, welche eine frühere Zeit auf Ursachen im Innern des Körpers zurückführte, wissen wir heutzutage, daß sie durch äußere Einflüsse (Bazillen) herbeigeführt werden: das Verschimmeln, Verfaulen, Verwesen, Erkranken u. s. w. Ersetzung des Gesichtspunktes der inneren Spontaneität durch den der äußeren Kausalität, d. i. Erkenntnis der Abhängigkeit der inneren Vorgänge von äußeren Ursachen — damit ist eine der unschätzbarsten Errungenschaften des naturgeschichtlichen Wissens unserer Zeit namhaft gemacht.

In dieser Richtung liegt meines Erachtens der fernere Fortschritt des wissenschaftlichen Denkens und Forschens auf allen Gebieten der Erkenntnis beschlossen. Ermittelung der Abhängigkeit des Innern vom Äußern — das ist meines Erachtens das Losungswort für die Wissenschaft der Zukunft. Ich meine, nicht bloß auf dem Gebiete des physischen Geschehens, sondern auch des geistigen. Erkenntnis der Beeinflussung der Völker sowohl wie der Individuen von der Außenwelt selbst in solchen Dingen, welche der äußere Schein uns als Werk des spontanen Denkens und Wollens vorgaukelt — das ist eine der wertvollsten Früchte am Baum der menschlichen Erkenntnis, sie zu brechen, eine der mühevollsten, aber zugleich eine der dankbarsten Arbeiten, welche die Zukunft an die Geisteswissenschaften herantragen wird.

Einen Beitrag dazu gebe ich im vorliegenden Werk. Ich kenne kein zweites Recht, in dem der Einfluß, den äußere Impulse auf die Umwandlung desselben ausgeübt haben, in so deutlichen Zügen zu Tage tritt, wie im römischen. Man pflegt in ihm das Musterbild der sogenannten organischen oder naturwüchsigen Entwicklung des Rechts zu preisen, langsam und bedacht, ohne gewaltsame Erschütterungen und radikale Veränderungen habe es den langen Weg, der ihm beschieden war, zurückgelegt. Damit meint man, daß diese Entwicklung von innen heraus erfolgt sei, und das eben soll das Richtige und Normale sein. Es ist ein schlecht gewähltes Beispiel dafür! Man verwechselt die Langsamkeit, Allmählichkeit der Entwicklung mit der Entwicklung von innen heraus. Alle die gewaltigen Umwandlungen, welche das römische Recht durchgemacht hat, sind durch Impulse, welche von außen an dasselbe herangetreten sind, eingeleitet und ihm abgenötigt worden. Es möge mir verstattet sein, sie schon an dieser Stelle kurz namhaft zu machen; es liegt mir daran, dem Leser schon hier eine klare Anschauung von der Wirksamkeit des Kausalitätsgedankens zu gewähren.

Es sind nicht weniger als fünf äußere Impulse, welche einen derartigen bestimmenden Einfluß auf die Umgestaltung des römischen Rechts ausgeübt haben.

1. Die Plebejer.

Ihr Einfluß auf die Ausgleichung der Rechtsverschiedenheiten zwischen ihnen und den Patriciern und auf die Kodifikation des Rechts in Gestalt der XII Tafeln, eine der folgenreichsten Thatsachen, welche die Geschichte des römischen Rechts zu verzeichnen hat, ist so allbekannt, daß kein Wort darüber verloren zu werden braucht. Der ganze Umschwung im Recht, der die ersten Jahrhunderte der Republik kennzeichnet, ist das Werk der äußeren Nötigung der Patricier durch die Plebejer, von innen heraus wäre er nie erfolgt.

2. Der Peregrinenverkehr in Rom.

Die Steigerung desselben im Lauf der Zeit machte eine neue Organisation der Rechtspflege nötig: die Einführung des praetor peregrinus für die Rechtshändel zwischen Peregrinen unter sich oder mit Römern. Der praetor peregrinus hat das römische Recht mit zwei Einrichtungen bereichert, welche eine neue Ära desselben einleiten: einer neuen Art des prozessualischen Verfahrens, dem Formularprozeß, und einer neuen Rechtsquelle, dem prätorischen Edikt. Nachdem sie bei seinem Tribunal die Probe bestanden hatten — man könnte es die Versuchsstation des Civilrechts nennen — und die Thatsache, wie weit der Peregrin den Römer in Bezug auf Bequemlichkeit und leichte Anwendbarkeit des Rechts überholt hatte, offen ins Auge sprang, nahm die Gesetzgebung und der praetor urbanus beide Einrichtungen ins Civilrecht hinüber. Abermals also eine der grundlegendsten Reformen des ganzen römischen Rechts von außen her an dasselbe herangebracht.

3. Die geographische Ausdehnung des Staats- und Rechtsgebiets.

Das alte Recht war ein Stadtrecht, es war berechnet auf Anwesenheit, für die meisten Akte auf Anwesenheit in Rom, für andere wenigstens auf gleichzeitiges Erscheinen beider Parteien. Wie die angegebene Thatsache nach dieser

Richtung hin das Recht beeinflußt hat, ist oben (S. 32) bereits angegeben.

4. Das griechische Recht und die griechische Wissenschaft.

Auf Rechnung des griechischen Rechts kommt im späteren römischen eine ganze Reihe neuer Einrichtungen, die schon durch ihren von den Römern beibehaltenen griechischen Namen (hypotheka, hyperocha, antichresis, emphyteusis, arrha[4]), parapherna, antipherna, proxeneticum, syndicus u. a. m.) ihren griechischen Ursprung bekunden.

Auf Rechnung der griechischen Wissenschaft kommt die neue Ära der römischen Jurisprudenz, welche am Ende der Republik mit Quintus Mucius Scävola einsetzt und in der Kaiserzeit ihren Höhenpunkt erreicht. Es ist das akademische Zeitalter der römischen Jurisprudenz. Die Anregung dazu ging von den griechischen Rhetoren und Grammatikern aus, welche in Rom ihre Lehrkurse eröffneten. Von ihnen übernahmen die römischen Juristen zwei Neuerungen, eine äußere, die bis dahin unbekannte Einrichtung öffentlicher Schulen, und eine innere, eine wissenschaftliche Methode, die ebenfalls der früheren Jurisprudenz unbekannt war, ich will sie kurz die begrifflich-systematische nennen. Der ganze Umschwung, der durch diese neue Methode herbeigeführt wurde, ist zurückzuführen auf den befruchtenden Einfluß des griechischen Geistes auf den römischen. Auch hier also wiederum bei dem letzten lebenskräftigen Trieb, den das römische Recht gezeitigt hat, eine Beeinflussung von außen her.

4) Die arrha ist von den Phöniziern zu den Griechen, von ihnen zu den Römern gekommen. Der historische Hergang tritt sprachlich hervor in semit. ereb, griech. ἀῤῥαβών, latein. arrha — das h hinter r bezeugt den griechischen Ursprung.

In Verbindung damit steht die Rekrutierung der Jurisprudenz aus den nichtrömischen Teilen des Reichs, es war der Kanal, wodurch frisches Blut in ihre Adern drang, eine freiere Anschauungsweise, die nicht auf dem Boden des römischen Rechts gewachsen war. Es ist die Periode, wo das römische Recht seine Kritik durch den Ausländer zu bestehen hatte. Ohne den Kontakt mit der griechischen Wissenschaft und der freieren Auffassungsweise des Ausländers wäre das spätere römische Recht nie das geworden, was es ward.

5. Die Provinzen.

Das Blatt Geschichte, das auf die außerordentliche Rückwirkung, welche sie auf Rom und die Römer ausgeübt haben, entfällt, ist kaum noch beschrieben. Es ist das dunkelste Blatt in der Geschichte Roms. Die Provinzen sind das Grab des römischen Volkscharakters und der römischen Freiheit geworden. Von ihnen, die der römischen Willkür, Habsucht, Überhebung, sexuellen Zuchtlosigkeit einen völlig freien Spielraum der Bethätigung zur Verfügung stellten, ist das Gift in alle Poren des römischen Volks gedrungen, um schließlich eine vollständige Zersetzung eines Organismus herbeizuführen, der ohne diese kontagiöse Berührung dieselbe Kraft und Gesundheit, die er so lange glänzend behauptet hatte, auch fernerhin bewahrt haben würde. In den Provinzen bereitet sich das römische Kaisertum vor, in Cäsar und seinem Heere macht es sich zuerst aus den Provinzen auf den Marsch nach Rom. Wie ich oben das Tribunal des praetor peregrinus als die Versuchsstation des Civilrechts bezeichnete, so kann ich die Provinzen als die Versuchsstation des Kaisertums bezeichnen.

Von ihnen geht ferner der Anstoß zur Umgestaltung des strafrechtlichen Verfahrens aus: die Ersetzung der Volksgerichte, zuerst durch quaestiones perpetuae, sodann durch die Strafgerichtsbarkeit der kaiserlichen Beamten mit allen den Neuerungen, die sie in ihrem Gefolge hat: das diskretionäre richterliche Ermessen, die Folter zur Erzwingung des Geständnisses, die

Leibes- und Lebensstrafen, lauter Dinge, die dem Römer der guten Zeit als Greuel der entsetzlichsten Art erschienen wären. Die Provinzialen hatten das mißachtete Versuchsobjekt abgegeben, jetzt kamen die Römer selber an die Reihe, an den Enkeln ward heimgesucht, was die Vorfahren an den Provinzialen verbrochen hatten. Von Rom zog zur Zeit der Republik die Willkür und Unmenschlichkeit in die Provinzen, aus den Provinzen kehrte sie in der Kaiserzeit nach Rom zurück. Als das römische Volk völlig durch das Strafgericht, das es selber durch sein Beispiel heraufbeschworen hatte, erschöpft war, besetzten Barbaren den Kaiserthron, um ihren Fuß auf den Nacken ihrer einstigen Herren zu setzen — die Welt war an Rom gerächt.

Das erste Buch des Werkes verfolgt den Gedanken der Kausalität noch nach einer Richtung hin, die über die Geschichte des römischen Rechts in die Vorzeit des römischen Volks hinausgreift[5]).

Die gangbare Behandlungsweise der Geschichte betrachtet die Individualität der Völker, den Volkstypus, den Volkscharakter als eine gegebene Thatsache, vor der sie Halt zu machen hat. Sie verhehlte sich allerdings nicht, seitdem Montesquieu zuerst mit allem Nachdruck darauf hingewiesen hat, daß Umstände der verschiedensten Art, die natürlichen: Himmel und Erde, klimatische und Bodenverhältnisse, und die geschichtlichen: die Lebensschicksale der Völker, freundliche und feindliche Berührung mit andern Völkern u. s. w. auf die Individualität der Völker einen bestimmenden Einfluß ausgeübt haben, aber an einer praktischen Verwertung dieser Erkenntnis am einzelnen Volk hat sie es bisher so gut wie gänzlich fehlen lassen. Die einzelnen Völker gelten ihr als fertige Größen, die man einfach so hinnehmen muß, wie sie sind.

---

5) [Aus diesem geplanten ersten Buch ist dann die ganze „Vorgeschichte der Indoeuropäer" erwachsen; trotzdem wird der Vollständigkeit wegen der Schluß dieser Einleitung in die Geschichte des römischen Rechts hier noch ganz abgedruckt.]

Ich meinerseits erkenne nichts Fertiges in der Geschichte an, alles ist geworden, auch die Völker. Der erste Keim, aus dem sie hervorgegangen sind, waren Individuen, Familien, Stämme. Hat die Natur in diese ersten Keime bereits die künftige Volksindividualität hineingelegt? Wenn es sich mit den Völkern ebenso verhielte, wie mit den Individuen, dann wäre die Frage zu bejahen, denn zweifellos bringt das Individuum den Keim des künftigen Menschen mit zur Welt, der, von welchem Einfluß immerhin auch seine Verhältnisse und Lebensschicksale auf dessen Entfaltung sein mögen, doch stets den letzten Grund seines Wesens bildet, es ist das angeborene Ich, über das der Mensch nun einmal nicht hinaus kann. Aber die Völker werden nicht geboren, sie bilden sich, und die Individualität, zu der auch sie gelangen: der Volkstypus ist nicht wie das angeborene Ich bei dem Individuum das Werk der Natur, sondern der Geschichte. In dem Charakter eines Volks steckt alles, was es im Lauf seines Daseins erlebt hat, sein Charakter ist nichts als die Resultate seiner bisherigen Geschichte. Ein Auge, dem alles Geschehene auf Erden in seinen letzten Gründen offen vorläge, würde in dem Volkscharakter im einzelnen den Beitrag erkennen, den die Bedingungen, unter denen es lebt, Boden und Klima, Nahrungs- und Beschäftigungsweise, alle wichtigen Erlebnisse des Volks und selbst hervorragende Persönlichkeiten zu demselben geliefert haben: die Zusammensetzung desselben würde ihm ebenso offen vorliegen, wie dem Chemiker die eines Körpers, den er analysiert hat. Dem Historiker ist dieser Einblick in den Bildungsprozeß des Volkscharakters versagt, aber einzelne Blicke sind doch auch ihm vergönnt, gewisse Thatsachen in den Lebensverhältnissen und Schicksalen der Völker tragen den maßgebenden Einfluß, den sie auf den Volkscharakter ausgeübt haben, so offen zur Schau, daß er blöde Augen haben muß, um sie nicht wahrzunehmen.

Zu ihnen gehören die zwei Thatsachen, welche ich im vorliegenden Werk durch die Aufgabe, die ich mir bei demselben gestellt habe, genötigt bin, genauer ins Auge zu fassen. Die eine von ihnen ist bereits oben im Vorübergehen berührt worden: die Zersetzung des römischen Volkscharakters durch das zuchtlose Leben der Sieger in den ihrer Willkür preisgegebenen Provinzen. Die andere spielt zu einer Zeit, wo das römische Volk noch nicht existierte, sie versetzt uns in die Zeit der Wanderung der indogermanischen Völker von Asien nach Europa. Dieselbe geht allerdings über den äußeren Rahmen des Buchs: die Entwicklungsgeschichte des römischen Rechts hinaus, aber der Rückgriff in die Vorgeschichte des römischen Volks und Rechts hat sich meines Erachtens in reichlicher Weise bezahlt gemacht.

Als wertvollstes Ergebnis meiner Untersuchung erscheint mir der Nachweis, daß und wodurch die Periode der Wanderschaft der indogermanischen Völker aus dem Asiaten den Mann geformt hat, der berufen war, auf europäischer Erde einen neuen Akt der Weltgeschichte in Scene zu setzen. Der Typus des Europäers im Gegensatz zu dem des Asiaten ist das Werk der Wanderung. Als ein anderer verließ der Indogermane die Heimat, als ein anderer langte er nach langer und mühseliger Fahrt auf dem Boden Europas an. Die Umwandlung, die mit ihm vorgegangen, kommt auf die Zeit der Wanderung. Die Differenzierung der einzelnen europäischen Völker unter sich kann nur das Werk der Verschiedenheit ihrer Schicksale nach ihrer Trennung und der Ungleichheit der Lebenslagen gewesen sein, welche die Stelle, wo sie sich in Europa ansiedelten, für jedes derselben mit sich brachte. Für die Griechen, Italiker, Germanen glaube ich derartige besondere Lebenslagen angeben zu können. Gelingt es mir, es begreiflich zu machen, wie die Periode der Wanderung den gemeinsamen Charaktertypus sämtlicher indogermanischer Völker, die Eigenartigkeit der neuen Heimat aber den individuellen der drei genannten Völker hat beeinflussen können, so wäre damit ein neuer Beleg beigebracht für die außerordentliche Fruchtbarkeit des Gedankens der äußeren Kausalität, er würde abermals ein Stück Geschichte bisher dem menschlichen Verständnis erschlossen haben, in dem man nur eine Schickung erblickte, die man als solche hinnehmen müsse.

Ich habe die Urgeschichte der Indoeuropäer aber außerdem noch zu einem andern Zweck herangezogen, nämlich um mir über das ältere römische Recht Auskunft zu verschaffen, und zwar in einer doppelten Richtung.

Einmal nämlich bin ich auf das arische Muttervolk zurückgegangen, um zu ermitteln, was dasselbe zu dem römischen Recht beigesteuert hat. Mein Ergebnis lautet: sehr wenig. Das hat mir den Anlaß geboten zu der Frage, worin dies seinen Grund gehabt haben mag, und ich glaube darauf eine Antwort erteilen zu können.

Sodann habe ich die Frage aufgeworfen: was verdankt das römische Recht der Periode der Wanderschaft? und hier lautet die Antwort gerade entgegengesetzt: sehr viel. Ich habe für eine Reihe römischer Einrichtungen Anknüpfungspunkte gefunden in den zwingenden oder wenigstens bestimmenden Verhältnissen der Wanderung. Um der altrömischen Staatsverfassung zu geschweigen, deren Charakter als Heeresverfassung allbekannt ist, und deren Anknüpfung an die Unerläßlichkeit der militärischen Gliederung des Wandervolks und strenge Unterordnung auf offener Hand liegt, so nenne ich das Auspicienwesen, das ver sacrum, die Verbindung der religiösen Funktion der Pontifices mit ihrer technischen, die Klientel, in erster Linie aber die Gestaltung des Familienwesens: Grundsatz der Monogamie der Ehe, Stellung der Hausfrau, Unstatthaftigkeit der willkürlichen Trennung der Ehe, bindende Kraft der Sponsalien, Unzulässigkeit der Aussetzung der männlichen Geburten — lauter Verhältnisse, deren kausalen Zusammenhang mit der Nötigung der Wanderschaft ich hoffe darlegen zu können.

Ich glaube jetzt den Leser auf dasjenige, was seiner im folgenden ersten Buche harrt, zur Genüge vorbereitet zu haben: es ist der Gedanke der äußeren Kausalität in der Urgeschichte des römischen Volks und Rechts — dieser Gedanke wird ihn fortan unausgesetzt begleiten.

Erstes Buch.

Das alte Privatrecht[6]).

---

6) [Bei der Abfassung der nachfolgenden Abschnitte wollte Ihering sich, wie es scheint, im wesentlichen auf das Privatrecht beschränken; das umfassende Programm, welches die Einleitung entwirft, scheint ihm damals noch nicht vor der Seele gestanden zu haben.]

Übersicht.

Zum Ausgangs- und Mittelpunkt meiner ganzen Untersuchung nehme ich das römische Haus. Alles Privatrecht geht vom Hause aus, und auf dieser frühesten Stufe seines Daseins läßt es sich, auch wo es den Umkreis des Hauses überschreitet, bei einer rein historischen Darstellung ohne Zwang an das Haus anlehnen, was, wie ich hoffe, die folgende Darstellung darthun wird. Ich beginne dieselbe mit der Begründung des römischen Hauses: der Ehe. Dann fasse ich die Machtstellung des Hausherrn im Innern des Hauses ins Auge: die Gewalt über die Seinigen und sein Vermögen. Darauf wenden wir uns den Beziehungen des Hausherrn nach außen hin zu und zwar zunächst den aktiven: seine Rechtsstellung nach außen hin; dabei wird sich ergeben, daß dieselbe eine verschiedene ist, je nachdem das Recht sie unter den Gesichtspunkt der manus bringt oder nicht, dort hat er die vindicatio, hier nicht. Damit haben wir die Zwiespältigkeit des ältesten Vermögensbegriffes: den Gegensatz von familia und pecunia, von res mancipi und nec mancipi. Nachdem wir die sociale Bedeutung und die rechtlichen Folgen, die sich daran knüpften, entwickelt haben[7]),

7) [Die hier von Ihering aufgestellte Einteilung des Stoffes läßt sich nach dem Inhalt der erhaltenen Bruchstücke nicht gänzlich durchführen; die Ausführungen über den Gegensatz von familia und pecunia werden vielmehr an die Spitze des Abschnittes über die hausherrliche Gewalt gestellt, wie dies ursprünglich von Ihering beabsichtigt war.]

kehren wir vom Vermögen zur Familie zurück, um zwei Erscheinungen, die beiden gemeinsam sind und unter sich in engster Verbindung stehen, einer Betrachtung zu unterziehen: die Vindikation und das Zeugengeschäft. Schließlich fassen wir die vorübergehende Lähmung des römischen Hauses (Gefangenschaft des Hausherrn) und die Auflösung desselben (Erbrecht) ins Auge.

Damit ist der erste Teil unserer Darstellung des alten Privatrechts: die Verfassung des römischen Hauses, beschlossen. Der zweite Teil hat die Beziehungen zum Gegenstand, welche das Band der Verwandtschaft zwischen den einzelnen Häusern begründet: die Agnation und Gentilität. Dort haben wir die Person als Individuum betrachtet, hier erscheint sie uns als Glied einer Verbindung, an der sie eben so sehr ihren Halt im Leben findet, wie sie durch sie beschränkt wird.

I. Die Verfassung des römischen Hauses.

---

1. Die Gründung des Hauses — die Familie — Ehe — Stellung des weiblichen Geschlechts — Kinder.

Fester Wohnsitz, Niederlassung an einem bestimmten Ort ist der Beginn aller Kultur, es bedarf der Ruhe, der Dauer, damit etwas werde und Bestand habe. In beredter Weise malt dies die deutsche Sprache mit den Worten: Sitte, Satzung, Gesetz (von Sitzen, Setzen), Gewohnheit (von Wohnen). Auch die lateinische Sprache entlehnt der Vorstellung des Wohnens den Grundbegriff des ältesten Privatrechts: es ist der der familia. Familia ist sprachlich die Wohnstätte[8]), also das

8) Von sanskr. dhâ setzen, dhaman Wohnstätte, also Wohnsitz, dann auch fam-ulus der Hausgenosse, Diener. G. Curtius, Grund-

Haus, aber nicht das Haus im natürlichen Sinne (domus, aedes), sondern im wirtschaftlichen und juristischen Sinn: die Grundlage der gesamten wirtschaftlichen und privatrechtlichen Existenz, das Haus mit allem, was darin ist und dazu gehört: Weib, Kinder, Sklaven, Ackerland, kurz das Hauswesen und zwar wie wir unten sehen werden, das Hauswesen des Bauern. Familia ist ein Rechtsbegriff, auf ihm baut sich fast das ganze alte Privatrecht auf, nur ein unbedeutender Teil fällt auf einen andern Begriff: die pecunia, die familia ist das Feste, Beständige, Dauerhafte, die pecunia das Vorübergehende, Wechselnde, Flüchtige. Die Auskunft, welche uns die Etymologie über familia erteilt, enthält die wirtschaftliche und rechtliche Signatur derselben. Die familia also soll dauern, dies kann sie aber nur, wenn ein Weib den Mann an das Haus bindet und sich in die Sorgen für das Hauswesen mit ihm teilt. Mit der Frau erweitert sich die familia von den Sachen auf die Personen, zunächst auf sie, dann auf die Kinder, die sie dem Manne gebiert, und deren Kinder, schließlich auf den Kreis der durch die Gemeinsamkeit der Abstammung von demselben Manne verbundenen Agnaten[9]). Damit haben wir die weiteste Ausdehnung des Begriffs der Familie; die Erweiterung der Agnation über diesen Kreis hinaus fällt nicht mehr unter den Begriff. Ebensowenig erstreckt er sich auf die Verwandten durch Weiber (Kognaten), mulier, wie die Juristen sagen (l. 195 § 5 cit.) familiae suae et caput et finis est. Der Zusammenhang der sachenrechtlichen und persönlichen Seite der familia bewährt sich im Erbrecht — wo die familia in diesem Sinn, da auch der Anspruch auf die familia in jenem Sinn;

---

züge der griech. Etym. 4. Aufl. 4, S. 254. Vgl. auch meinen Geist des Röm. Rechts II, 1 S. 161 Note 214.

9) l. 195 § 1 de V. S. (50. 16) Familiae appellatio . . et in res et in personas deducitur. Engere Bedeutung des Begriffs im letzteren Sinn („jure proprio"): die durch dieselbe potestas Verbundenen; weitere Bedeutung („communi jure"): die Agnaten.

der Römer verband mit ihr die Vorstellung der Zusammengehörigkeit in beiderlei Richtung.

Nach familia bezeichnet die Sprache denjenigen, dem sie gehört, als pater-familias. Sie charakterisiert ihn damit als denjenigen, dem die Sorge obliegt, die Familie zu ernähren, zu schützen und zu erhalten [10]). Dazu ist aber nur der erwachsene Mann fähig, und das bildet die Regel, denn regelmäßig stirbt der Vater erst, wenn die Kinder herangewachsen sind; stirbt er vorher, so fällt zwar den Kindern dasjenige anheim, was er erworben hat (patri-monium, Vermögen = Vatergut), rechtlich nehmen sie jetzt die Stelle des pater-familias ein — selbst das Kind in der Wiege ist im Rechtssinn paterfamilias, d. h. Eigentümer des ihm zugefallenen Vermögens —, aber die natürliche Unfähigkeit, sich selber und das Ihrige zu schützen, wird durch Bestellung eines besonderen Schützers (tutor) ersetzt.

Ein anderer Ausdruck für den Hausherrn ist herus, womit auch der Name für den neuen Hausherrn, den Erben (heres) und die Bezeichnung des im Privateigentum befindlichen Grundstücks (heredium) zusammenhängt. Ob der Ausdruck dominus der alten Zeit bereits im gleichen Sinne bekannt gewesen, ist zweifelhaft; die lex Aquilia aus dem sechsten Jahrhundert bediente sich bei einer Gelegenheit, wo sie Anlaß gehabt hätte, denselben zu gebrauchen, dafür des obigen herus.

Die rechtliche Stellung, welche der Hausherr in Bezug auf die familia behauptet, werden wir später ins Auge fassen, hier haben wir es zunächst mit der Gründung des römischen Hauses zu thun, die erst mit dem Eintritt der Frau ins Haus (deductio in domum) erfolgt.

Nicht jedes Weib, das der Mann in sein Haus aufnimmt, um mit ihm zu leben, wird seine Frau, es bedarf dazu

---

10) Von Sanskrit pâ nähren, schützen, erhalten, s. Curtius a. a. O. S. 270.

besonderer Voraussetzungen und Förmlichkeiten. Mit der Sklavin mag er zusammenleben und Kinder erzeugen, niemand verwehrt es ihm, aber die Kinder kommen nicht in seine väterliche, sondern in seine herrschaftliche Gewalt, sie gehören nicht zu den freien Hausgenossen (Doppelsinn von liberi: die Freien und Kinder), nicht zu den Seinen (sui), sondern sie werden, was die Mutter ist: Sklaven, sie sind nicht Kinder im Sinne des Rechts (legitimi), sondern in dem bloß natürlichen der Erzeugung (naturales). Die Kinder, die er mit einer Freien in wilder Ehe zeugt, werden zwar frei, aber auch sie sind nicht Kinder im Sinne des Rechts, sie kommen nicht in seine Gewalt, gehören nicht zur Familie und haben weder gegen ihn noch gegen seine Agnaten ein Erbrecht. Das richtige Kind setzt die richtige Mutter voraus, die richtige Mutter die richtige Ehe, letztere bildet die Voraussetzung der ganzen römischen Familie: des Verhältnisses unter den Gatten, der Gewalt des Vaters über die Kinder, der Agnation, des Erbrechts der Kinder gegen den Vater und die Agnaten; selbst gegen die Mutter haben ohne diese Voraussetzung die Kinder kein Erbrecht, sie werden durch die nächsten Verwandten derselben ausgeschlossen.

Die würdige, der Lehre der christlichen Kirche nahekommende Auffassung der Ehe in Recht und Moral und die ihrem wahren Wesen entsprechende thatsächliche Gestaltung des ehelichen Lebens bildet einen der charakteristischen Züge des Römertums in guter, alter Zeit; kein Volk des Altertums kann sich in diesem Punkt mit ihm messen, und für die Rolle, welche Rom in der Geschichte zu spielen berufen war, ist dieser Umstand sicherlich nicht ohne großen Einfluß gewesen. Alle Sitte geht vom Hause aus, die berufene Hüterin derselben aber ist die Frau, hat sie als Frau nicht die richtige Stellung, so auch nicht als Mutter, die richtigen Kinder setzen, wie ich sagte, die richtige Mutter, die richtige Mutter aber auch die richtige Frau voraus. Wie die Blütezeit Roms mit der Strenge des ehelichen Lebens, so fällt auch der Niedergang der Größe Roms mit der Zuchtlosigkeit desselben zusammen — in die Erfolge Roms dürfen sich die römischen Frauen und Mütter mit den römischen Männern teilen, die Geschichte weiß von beiden zu erzählen.

Die richtige Gestaltung des ehelichen Lebens bei einem Volke ist bedingt durch die Achtung desselben vor dem weiblichen Geschlecht. Ist letzteres gering geschätzt, wie sollte das Weib, indem es sich verheiratet, im Hause und an der Seite des Mannes diejenige Stellung finden, die es außerhalb desselben entbehrt? Dann wird es nicht die ebenbürtige Genossin und Lebensgefährtin des Mannes, die alles mit ihm teilt, sondern bloß die Genossin von Tisch und Bett. Das ist die Stellung der Frau im Orient; sie ist nur die Folge der Geringschätzung des weiblichen Geschlechts überhaupt. Der enorme Fortschritt, den die geschichtliche Entwicklung im Occident macht, dreht sich im wesentlichen um die veränderte Stellung der Frau und des weiblichen Geschlechts — andere Frauen, andere Männer! Es war die unschätzbare Mitgift, welche die abendländischen Völker miterhielten, als sie sich von der Mutter trennten; Indien, dieses Mutterland ihrer ältesten Kultur, darf sich rühmen, ihnen eine würdige Auffassung des weiblichen Geschlechts und der Ehe auf ihren Lebensweg mitgegeben zu haben. Aber nicht alle haben den Schatz in gleicher Weise gehütet wie die Römer und Germanen. Die Griechen, welche in Kleinasien durch die Berührung mit asiatischen Völkern asiatische Anschauungen und Sitte kennen lernten, haben sich durch dieselben anstecken lassen. Dem Griechen gilt das Weib nicht für voll, und weil der Mann bei der Frau nicht seine ganze Befriedigung findet, sucht er sie außer dem Hause: bei Männern, Buhlerinnen, schönen Knaben, und weil er selber ihr nicht seine ganze Liebe zuwendet, traut er auch der ihrigen nicht und sperrt sie in das Frauengemach ein. Nur Sparta, konservativ wie Rom — man möchte es das Rom Griechenlands nennen — hatte auch in diesem Punkt an dem Mitgebrachten festgehalten, hier hatte das weibliche Geschlecht ganz dieselbe Stellung wie in Rom, und darum wußte die Geschichte hier gleich dort auch von Frauen und Müttern zu berichten.

Dem alten Römer galt das Weib als voll — vielleicht weil er ungebildeter war, als der Grieche — die Frau ist seine ebenbürtige Genossin, seine Lebensgefährtin, die alles mit ihm zu teilen hat: Göttliches wie Menschliches [11]), und eben darum, weil das Verhältnis ein gesundes ist, findet er auch keinen Grund, ihr zu mißtrauen, er verwehrt ihr nicht den Verkehr mit Männern, nicht das Erscheinen am öffentlichen Ort [12]). Die Ehefrau hat aber diese Stellung, nicht weil sie Ehefrau, sondern weil sie Weib ist, d. h. wegen der Achtung, welche der Römer dem weiblichen Geschlecht als solchem zollt. In allen Beziehungen, wo nicht der natürliche Unterschied des Geschlechts eine Verschiedenheit bedingt, stellt der Römer das Weib mit sich auf eine Linie. Es giebt keinen schlagenderen Beleg dafür, als das altrömische Erbrecht, welches zwischen beiden Geschlechtern gar keinen Unterschied macht: die Tochter hat genau dasselbe wie der Sohn, die Agnatin wie der Agnat; sind keine Kinder da, so erhält die Witwe den ganzen Nachlaß und schließt den Mannesstamm aus, ebenso wenn auch sie nicht vorhanden ist, die Schwester. Man muß die Zurücksetzung, welche das weibliche Geschlecht in den Rechten so vieler anderer Völker erfahren hat, kennen, um die Bedeutsamkeit dieses Punktes einzusehen; in Griechenland schloß der nähere männliche Verwandte das Weib gänzlich aus, und das Los einer Erbtochter war ein geradezu beklagenswertes, der nächste männliche Verwandte konnte sie ihrem Ehemann entziehen.

---

11) Die Definition von Ulpian in l. 1 de R. N. (23. 2): nuptiae sunt conjunctio maris et feminae, consortium omnis vitae, divini et humani juris communicatio stammt zwar aus späterer Zeit, aber sie paßt, wie wir sehen werden, auch für die älteste Zeit.

12) In Bezug auf die sociale Stellung, welche das weibliche Geschlecht in Rom einnahm, möge man mir verstatten, auf frühere Ausführungen Bezug zu nehmen, Geist II, 1 S. 202 fl.

Allerdings erkennt das ältere Recht auch manche Verschiedenheiten zwischen beiden Geschlechtern an, nicht alles, was der Mann kann, kann auch die Frau, aber es würde irrig sein, darin eine Geringschätzung oder Zurücksetzung des weiblichen Geschlechts zu erblicken, es prägt sich darin nur die richtige Erkenntnis der Verschiedenheit des Berufs beider Geschlechter aus. Die Frau gehört ins Haus, nicht in das öffentliche Leben, kein Volk hat das Weib zum Kriegsdienst und Staatsdienst berufen, in Rom wird die Untauglichkeit des Weibes zum Kriegsdienst ebenso wie bei Unmündigen durch Steuerzahlung ausgeglichen[13]). Auch in der Volksversammlung darf die Frau nicht erscheinen, und damit sind ihr schon durch die Form diejenigen Geschäfte verwehrt, die nur hier vorgenommen werden können: Testament und Arrogation, wir werden sehen, daß sachliche Gründe dabei mitwirkten. Aber auch dem geschäftlichen Leben soll sie fern bleiben, soweit es sich nicht um ihre eigenen Angelegenheiten handelt (Ausschließung von dem Solennitätszeugnis, der gerichtlichen Stellvertretung, im späteren Recht auch von der Intercession). In alledem ist eine Zurücksetzung des weiblichen Geschlechts nicht zu erblicken. Nur in zwei Einrichtungen könnte man geneigt sein, dieselbe zu finden: in der manus des Ehemanns über die Frau und in der Geschlechtsvormundschaft (tutela mulierum), sie erregen den Schein, als ob der Römer das Weib nicht für voll angesehen, dasselbe zur ewigen Unmündigkeit verdammt habe. In Wirklichkeit verhält sich die Sache anders.

Die manus ist nichts als die Gewalt des Hausherrn über die Seinigen in besonderer Anwendung auf die Frau; auch die Kinder sind ihr nicht bloß in gleicher, sondern in noch gesteigerter Weise unterworfen, denn letztere darf der Vater verkaufen, der Mann die Frau nicht (s. unten), und über die Kinder dauert die Gewalt, abgesehen von der Tochter, die sich

---

13) Das aes hordiarium equestre militare bei Gaj. IV 27.

verheiratet und aus der patria potestas in die manus des Mannes tritt, lebenslänglich fort. Bei dem Sohn, der sich verheiratet, erstreckt sie sich auch auf dessen Frau und Kinder und Kindeskinder — Beweis, daß die hausherrliche Gewalt in den Augen der Römer nichts herabwürdigendes enthielt und nicht auf der Idee der Unmündigkeit beruhte.

Nur die Geschlechtsvormundschaft ist etwas dem weiblichen Geschlecht eigentümliches. Mit der Mündigkeit wird der vaterlose Sohn von der Vormundschaft (tutela impuberum) frei, die vaterlose Tochter erhält jetzt den Geschlechtsvormund, und er bleibt, bis sie sich verheiratet und unter die Gewalt des Mannes kommt, er wird ihr wieder zu teil, wenn der Mann stirbt. Aber diese Vormundschaft bewegt sich in angemessenen Grenzen, mit den persönlichen Verhältnissen hat der Vormund nichts zu schaffen, und auch in vermögensrechtlicher Beziehung sind nur die Verfügungen der Frau über die familia an seine Mitwirkung (autoritas) gebunden, während sie über ihre pecunia, d. h. über die gesamten Revenüen ihres Vermögens und auch über letzteres selbst, soweit es in Geld oder res nec mancipi besteht, völlig freie Verfügung hat (s. u.) — die griechische Frau konnte nicht über mehr als einen Medimnus an Wert verfügen. Der Gedanke, auf dem die Vormundschaft über letztere beruht, ist der ihrer völligen Unselbständigkeit und Unmündigkeit, der Gedanke, welcher der über die römische zu Grunde liegt, ein gänzlich anderer: die Rücksicht auf die Erhaltung des Stammvermögens (familia) in der Familie, und er wird, wie wir sehen werden, nicht bloß dem weiblichen, sondern auch dem männlichen Geschlecht gegenüber zur Geltung gebracht, nur das Maß, in dem dies geschieht, ist bei jenem ein höheres. Mit ihm hängt meiner Ansicht nach auch die Testierunfähigkeit des Weibes im alten Recht zusammen, beim männlichen äußert er seinen Einfluß darin, daß das Testament der Zustimmung des Volks bedarf.

Die väterliche Gewalt ist in Bezug auf beide Geschlechter

im wesentlichen gleich gestaltet, unbedeutende Verschiedenheiten greifen aber allerdings auch hier Platz. Die Enterbung des Sohnes muß ausdrücklich (nominatim) geschehen, die der Töchter und Enkel kann mittelst einer allgemeinen Formel (inter ceteros) erfolgen, den Sohn kann der Vater dreimal zum Dienen vermieten, die Tochter nur einmal, ersteres eine Begünstigung des männlichen, letzteres des weiblichen Geschlechts.

Ziehen wir nun die Summe, so ist es zwar richtig, daß die Stellung des männlichen Geschlechts im alten Recht eine erheblich andere war, als die des weiblichen, aber wenn man die Sache nicht mit heutigen Augen ansieht, sondern sich in die Anschauungsweise der alten Zeit hineinversetzt, so wird man keinen Grund haben, darin eine Herabsetzung des weiblichen Geschlechts zu erblicken. Der Mann ist der geborene Herrscher, nur er kann die Gewalt über freie Personen haben, wie im Staat — so auch in der Familie — die patria potestas, die manus, die tutela und curatela setzen den Mann voraus, eine Frau ist derselben unfähig, selbst in Bezug auf ihre Kinder, denn sie befindet sich stets selber in einem dieser Gewaltverhältnisse. Aber so wenig das imperium des Magistrats etwas herabwürdigendes für den Bürger enthält oder die patria potestas für die Kinder, ebensowenig die manus und tutela des Mannes für die Frau. Könnte daran noch ein Zweifel bestehen, so würde die Gestalt, welche die römische Ehe an sich trägt, demselben ein Ende machen, sie enthält das beredteste Zeugnis darüber, wie der Römer das Verhältnis beider Geschlechter zu einander auffaßte.

Ich muß, bevor ich dieselbe schildere, einer Verschiedenheit gedenken, die in Bezug auf die rechtliche Stellung des Mannes zur Frau Platz griff. Das alte Recht weist in dieser Beziehung einen ganz befremdenden Gegensatz auf, es kennt zwei Eheformen: die eine, bei welcher die Frau durch Eingehung der Ehe in die manus des Mannes kommt, die durch confarreatio, eine andere, bei der es, wenn dies beabsichtigt wird, dazu noch eines besonderen Aktes bedarf: der coëmtio. Die manus selber ist in beiden Fällen ganz dieselbe, sie bringt die Frau in persönlicher wie vermögensrechtlicher Beziehung in dieselbe abhängige Stellung, in der die Kinder zum Vater stehen, in die Gewalt des Hausherrn, der Unterschied betrifft also nur die Entstehung derselben. Aber dieser Unterschied ist ein höchst bedeutungsvoller, er schließt keine bloße Verschiedenheit der Form in sich, sondern er vergegenwärtigt uns zwei grundverschiedene, im Widerspruch zu einander stehende Auffassungen des ehelichen Verhältnisses: die eine: die Frau muß in der manus stehen, — die andere: sie kann selbständig sein. Beide Auffassungen können unmöglich auf einem und demselben Boden entstanden sein, und wenn sie sich gleichwohl in Rom in historischer Zeit bei einem und demselben Volk zusammen finden, so sind wir genötigt, uns nach einem verschiedenen Ursprung beider umzusehen. Die Annahme einer zeitlichen Verschiedenheit reicht dazu nicht aus. Hätte die eine die andere zeitlich abgelöst, so wäre nicht abzusehen, warum man nach Aufkommen der Ehe ohne manus, der sog. freien Ehe, sich noch der coëmtio hätte bedienen sollen, um die manus hinzuzufügen. Als einziger Erklärungsgrund bleibt nur der Gegensatz zwischen den Patriciern und Plebejern übrig, und ich schließe mich dieser von andern geäußerten Ansicht an: die konfarreierte Ehe ist die patricische, die ihr gegenüberstehende, bei der je nach Vereinbarung die manus durch coëmtio hinzugefügt werden oder fehlen kann, die plebejische. Das war die Auffassung der Römer selber, sie führen die rechtliche Gestaltung der konfarreierten Ehe schon auf Romulus zurück[14]), d. h. dieselbe gehört zu den Grundeinrichtungen des durch ihn geschaffenen Geschlechterstaates, und dafür spricht auch die Zahl der bei Eingehung derselben mitwirkenden zehn Zeugen (s. u. S. 65 f.).

Aber selbst bei dieser Annahme hat die freie Ehe immer

---

14) Dionys. II, 25.

noch etwas überraschendes, sie stimmt nicht zu der Grundverfassung des römischen Hauses, welche auf dem Gedanken der unbeschränkten Gewalt des Hausherrn beruht und in Bezug auf die auch nicht der leiseste Anhalt zur Annahme einer ursprünglichen Verschiedenheit zwischen Patriciern und Plebejern vorliegt. Selbst vom Standpunkt der freien Ehe erscheint die manus als die naturgemäße Gestalt des ehelichen Verhältnisses, was sich darin ausprägt, daß jene mit Ablauf eines Jahres „usu" sich in eine Ehe mit manus verwandelt, wenn dieser Erfolg nicht durch besondere Veranstaltung (Abwesenheit der Frau während eines trinoctium) abgewandt wird, es ist also dasselbe unvollkommene Verhältnis wie die Tradition einer res mancipi, bei welcher der Mangel ebenfalls durch usucapio gehoben wird. Meiner Ansicht nach haben wir es hier mit einem historischen Rätsel zu thun, das durch die Zurückführung der freien Ehe auf die Plebejer nicht gelöst, sondern nur an einen andern Ort verlegt wird, und ich ziehe es lieber vor, es als Rätsel bestehen zu lassen, als mich in Vermutungen zu ergehen, welche im günstigsten Fall nur die praktischen Motive darlegen können, aus denen man der einmal vorhandenen freien Ehe vor der strengen den Vorzug gab[15]), aber uns über den ersten Ursprung keine Auskunft gewähren.

Die Verschiedenheit, welche in Bezug auf die manus Platz greift, schließt die Möglichkeit einer einheitlichen Darstellung der altrömischen Ehe nicht aus. Sie soll im folgenden versucht werden; jene Verschiedenheit wird da erwähnt werden, wo sie die Einheitlichkeit unterbricht.

---

15) Solche Vermutungen in meinem Geist II S. 190. Es ließe sich noch der Fall der Ehe einer Patricierin mit einem Plebejer hinzufügen, seitdem dieselbe durch die lex Canuleja möglich geworden war, sie ermöglichte es der Frau, Patricierin zu bleiben, während sie bei der strengen Ehe eine capitis deminutio erlitt, welche ihre Zugehörigkeit zum Geschlecht aufhob.

Das Wesen der römischen Ehe beruht auf folgenden charakteristischen Zügen.

Erstens: Die Ehe ist für beide Gatten ein ausschließendes Verhältnis — ein Mann, eine Frau — Grundsatz der Monogamie. Während die griechische Tradition für die Heroenzeit von einer Polygamie zu berichten weiß[16]), sieht man sich für die römische Urzeit vergebens nach Spuren dafür um, das römische Volk hat von seinem ersten Auftreten bis in die späteste Zeit hinein den Grundsatz der Monogamie treu bewahrt.

Zweitens: Erfordernis des connubium. Nicht jeder kann jede heiraten, die Frau, welche die Genossin des Mannes werden soll, muß sich dazu eignen. Das natürliche Hindernis, welches die Innigkeit der Verwandtschaft begründet (Descendenten und Seitenverwandte bis zum vierten Grad) hat vom Standpunkt unserer heutigen Zeit aus nichts charakteristisches, anders vom Standpunkt des Altertums, welches bei manchen Völkern, z. B. den Ägyptern, Ehen unter den Geschwistern kannte. Dagegen ist das Hindernis, welches das alte Recht der politischen Stellung der beiden Ehegatten entnahm, für die Anschauung der Römer von dem Wesen und der Bedeutung der Ehe höchst instruktiv. Nach dieser Seite hin möchte man geneigt sein, das Erfordernis des connubium mit dem der Ebenbürtigkeit des germanischen Rechts auf eine Linie zu stellen: die Ehe ist eine Verbindung unter Gleichen, Ungleiche sollen sich nicht heiraten. Diesen Charakter trägt das Erfordernis in der späteren Zeit allerdings an sich[17]), und unter

16) Unter den Philologen bestritten. Für mich ist maßgebend das Zeugnis von Sophokles, Trachinierinnen V. 536, wo er die Deianeira sagen läßt: „Denn keine Jungfrau, scheint mir, nein ein Weib, bereits verknüpft durch Ehebund, lud ich . . bethört ins Haus." So konnte er nicht schreiben, wenn eine Doppelehe nicht in alter Zeit möglich gewesen wäre.

17) So z. B. die Bestimmungen der lex Julia et Papia Poppaea

diesen Gesichtspunkt faßten mit Recht auch die Plebejer die Versagung des connubium von seiten der Patricier auf, sie erblickten darin eine sociale Zurücksetzung, und auch der Standeshochmut der Patricier mochte in der Ehe mit Plebejern eine Vermischung des edlen Bluts mit unedlem erblicken[18]). Aber diese Auffassung deckt das Verhältnis nicht. Den besten Beweis dafür enthält die Thatsache, daß die Römer bisweilen unterworfenen Gemeinden das bisher zwischen ihnen bestandene connubium entzogen; der Zweck der Maßregel war, sie sich zu entfremden, die Anknüpfung der Bande, welche die Ehe und die Verwandtschaft schlingt, im römischen Interesse zu verhindern, eine Scheidewand zwischen ihnen aufzuführen, sie zu isolieren.

Eben darin erblicke ich die politische Bedeutung des connubium überhaupt und den Grund, warum die Patricier es den Plebejern so hartnäckig versagten. Die Ehe ist das wirksamste Bindemittel, sie gleicht die Gegensätze, die zwischen den Gatten in Bezug auf Stand, Bildung, Religion bestehen, aus, nicht bloß persönlich zwischen den Gatten, sondern auch zwischen den verschiedenen Kreisen, denen beide angehören. Darum hat auch jede Zeit und jedes Volk, welches einer solchen Ausgleichung abgeneigt war, sich der Benutzung dieses Mittels widersetzt, sei es durch Rechtsvorschrift, sei es durch Sitte, wie andererseits diejenigen, welche die Gegensätze zu beseitigen bestrebt waren, die Gemeinschaft der Ehe verlangt haben. Die Frage von der Ehe zwischen Protestanten und Katholiken, Christen und Juden ist ihrem Kern nach keine andere, als die zwischen Patriciern und Plebejern, ihr Kern ist strenge Aufrechthaltung oder allmähliches Schwindenlassen des Gegensatzes, und die katholische Kirche hat die Bedeutung der Ehe für diese Frage ebenso richtig erkannt, wie einst die Patricier.

Ulp. XVI, 2; von diesem Standpunkt aus hatte Ulp. VII, 4 Recht, von „personae disparis conditionis“ zu reden.

18) Liv. IV, 1 contaminare sanguinem.

Die Ehe mit Plebejern zulassen bedeutete für sie, den Gegner im eigenen Lager Fuß fassen lassen. Mit der plebejischen Frau kam eine Trägerin plebejischer Anschauungen und eine einflußreiche Vertreterin plebejischer Interessen in das patricische Haus, und mit der Frau kamen auch die Verwandten; die persönlichen Bande, welche sich anspannen, schwächten die Schärfe des Gegensatzes, schon mit der Muttermilch sogen die Kinder andere Anschauungen ein, als von einer patricischen Mutter. Das war der wahre Grund, warum die Patricier sich den Forderungen der Plebejer auf Mitteilung des connubium so hartnäckig widersetzten, er war in erster Linie politischer Art, erst in zweiter socialer Art, und die Bezugnahme auf die Religion diente ihnen, wie so oft, nur als Vorwand, um den wahren Grund zu verdecken. In der Verfassung des alten Geschlechterstaates bildete die Vorenthaltung des connubium an diejenigen, welche nicht Mitglieder desselben waren, eine mit ihm selber gegebene Konsequenz — Absperrung nach außen hin war die unerläßliche Bedingung des festen korporativen Zusammenhaltes im Innern. Mit der Erteilung des connubium an die Plebejer durch die lex Canuleja (309) hatte man die Axt an den patricischen Geschlechterstaat gelegt, die Raschheit, mit der sich fortan im öffentlichen Recht der Gegensatz ausglich, kommt im wesentlichen auf Rechnung der lex Canuleja. Auch jetzt noch dauerte im Leben der Gegensatz fort, und eine Patricierin, die einem, wenn auch noch so angesehenen, Plebejer die Hand reichte, hatte bei ihren Standesgenossinnen einen schweren Stand[19]), und sicherlich wird man bei einer solchen Ehe die confarreatio ebensowenig zur Anwendung gebracht haben, wie bei uns die kirchliche Trauung bei einer Ehe zwischen Juden und Christen.

---

19) So das Beispiel bei Liv. X, 23 . . . . . certamen inter matronas ortam . . . patriciam, plebejo nuptam L. Volumnio consuli a sacris arcuerant.

Ist die obige Auffassung, welche das Erfordernis des connubium aus der Verfassung des Geschlechterstaates ableitet, die richtige, so werden wir in der Geltung, welche dasselbe in der späteren Zeit gleichmäßig für beide Stände behauptet, eine Nachwirkung des altpatricischen Rechts zu erblicken haben; die Ausschließlichkeit, mit der es sich einst gegen Nichtpatricier kehrte, wendet sich jetzt gegen Nichtbürger; aber auch in dieser Gestalt bildet es ein charakteristisches Merkmal der römischen Ehe: Voraussetzung derselben ist die Gleichheit der rechtlichen Stellung, und an diesem Gedanken hat die römische Ehe noch bis in die Kaiserzeit hinein festgehalten.

Drittens: Eingehung der Ehe in solenner Form. Ich setze letztere als bekannt voraus und beschränke mich darauf, die Bedeutung derselben ins richtige Licht zu setzen.

Es gilt zunächst den vielverbreiteten Irrtum zurückzuweisen, welcher die Eingehung der Ehe durch Confarreatio als religiöse, die ohne dieselbe als weltliche Eingehungsform derselben bezeichnet. Bei jeder Ehe bedarf es der religiösen Form: der Auspicien, Opfer und Gebete, denn stets wird die Ehefrau die Priesterin des Hauses, die am häuslichen Herde gemeinsam mit dem Manne den Hausgottesdienst zu besorgen hat; das erste, was sie am Morgen nach der Hochzeit zu thun hat, ist: den Hausgöttern zu opfern. Schon die Verlobung (sponsalia) scheint einen religiösen Charakter an sich getragen zu haben, wenn sonst dem Fingerzeig, den uns die Etymologie gewährt, zu trauen ist[20]), jedenfalls aber steht derselbe für die Eingehung der Ehe außer Zweifel, und er ergiebt sich mit Notwendigkeit aus der religiösen Funktion, welche die Frau im Hause zu erfüllen hat und für welche die Verschiedenheit ihrer sonstigen Stellung gar nicht in Betracht kommt.

Das unterscheidende Merkmal der Form der Confarreatio

---

20) Fest. spondere .... ex Graeco dictum ait, quod ii σπονδάς interpositis rebus divinis faciant. Geist I S. 303 Anm. 211a.

von der sonstigen Eingehung der Ehe liegt in der Zuziehung des Pontifex maximus, des Flamen Dialis und der zehn Zeugen.

Die Bedeutung dieser eigentümlichen Form ist meines Erachtens bisher noch nicht richtig gewürdigt worden. In den zehn Zeugen erblickt man die Vertreter der zehn Gentes der Kurie oder der zehn Kurien der Tribus, welcher der Mann angehörte, und darin hat man sicherlich das Richtige getroffen. Wenn man aber ihrer Zuziehung lediglich den Zweck unterlegt, den Akt zur Kunde der Genossenschaft zu bringen, so halte ich dies für verfehlt, ebenso wenn man dem Pontifex maximus bloß dieselbe rein rituelle oder priesterliche Funktion zuschreibt, wie dem Flamen Dialis, der das Opfer und die Einsegnung zu besorgen hatte. Meiner Ansicht nach waren sowohl die Zeugen wie der Pontifex maximus nicht bloße Solennitätszeugen, Figuranten, die dem Akt nur zuzusehen hatten, ohne selber eine Einwirkung auf ihn vorzunehmen, sondern gerade letztere bildete den Zweck ihrer Zuziehung. Wo der Pontifex maximus sonst zu privatrechtlichen Akten zugezogen wird (Testament und Arrogation), geschieht es im Interesse der Regulierung der sacra, er fungiert hier nicht bloß als Zeuge, sondern als geistlicher Beamter mit entscheidender Stimme in Bezug auf das Zustandekommen des Aktes, und ganz dieselbe Funktion nur kann ihm auch bei der confarreatio obgelegen haben, das Gegenteil hieße ihm eine Rolle zumuten, die zu seiner sonstigen Stellung gar nicht paßt. Hier wie dort hatte er das Interesse der Kirche, wie wir sagen würden, an dem Akt zu wahren, ohne seine Zustimmung konnte derselbe also gar nicht vorgenommen werden. Dasselbe nehme ich für die zehn Zeugen an; wie jener das kirchliche, so hatten sie das politische Interesse zu wahren oder — um den Punkt, auf den es dabei ankam, sofort namhaft zu machen — das Dasein des connubium zwischen den Gatten zu prüfen. Fehlte es an demselben, so wurden die Kinder aus einer solchen Ehe, da sie nicht in die väterliche Gewalt kamen, auch nicht Mitglieder der Gens, der Kurie, der Tribus; der Nachwuchs aus einer solchen Ehe ging also der Genossenschaft verloren. Schon aus diesem Grunde allein hatte letztere das höchste Interesse daran, auf dem Erfordernis des connubium zu bestehen, der sonstigen oben (S. 61 ff.) hervorgehobenen Gründe ganz zu geschweigen. Ihre Zuziehung drückt also den Gedanken aus: die Ehe hat nicht bloß eine Bedeutung für die Gatten, sondern auch für die Gemeinschaft, nicht bloß eine privatrechtliche sondern zugleich eine politische, und darum bedarf es der Prüfung, ob die gesetzlichen Erfordernisse derselben vorhanden sind; fehlt es an ihnen, so versagen die Vertreter der Genossenschaft ganz ebenso ihre Mitwirkung, wie der Pontifex maximus, wenn die Ehe in kirchlicher Beziehung Anstände darbietet, sie haben also nicht die Funktion von Solennitätszeugen, wozu die große, dem älteren Recht sonst gänzlich fremde Zahl sehr wenig passen würde, sondern von Standesbeamten. Hatten selbst die fünf Zeugen des Mancipationsaktes, wie ich unten auszuführen gedenke, in alter Zeit nicht die bloße Bedeutung von Solennitätszeugen in unserem heutigen Sinne, war auch ihnen ein praktischer Einfluß auf das Geschäft selber zugedacht, so ist dies im Sinne der alten Zeit in noch viel höherem Grade bei den zehn Zeugen der Confarreation anzunehmen; das schale Argument, daß sie von den Römern selber als testes bezeichnet werden, kann mir nur von solchen entgegengesetzt werden, welche von der naiven Annahme ausgehen, daß dasselbe Wort zu allen Zeiten ganz dasselbe bedeutet haben müsse.

Viertens: Gänzliche Hingabe der Frau an den Mann mit Leib und Gut, d. h. Eintritt in dessen manus (S. 56 ff.). Darin liegt negativ der Untergang des bisher über sie bestehenden Gewaltverhältnisses (patria potestas, tutela); würde dasselbe fortdauern, so würde nicht der Mann, sondern der Vater oder der Vormund ihr zu befehlen haben, eine fremde Macht würde in das römische Haus hineinreichen und den Frieden desselben und selbst den Bestand der Ehe gefährden können, was mit der Verfassung desselben unverträglich ist; dem Hausherrn gehört das unbeschränkte Regiment über alle die Seinigen. Das römische Recht ist dabei aber nicht stehen geblieben, es geht noch einen Schritt weiter, indem es nicht bloß das Gewaltverhältnis über die Frau, sondern auch das Agnationsverhältnis zu ihren bisherigen Verwandten untergehen läßt, was an sich ja keineswegs nötig wäre und der Erklärung bedarf. Daß die Römer sich der Verschiedenheit und der Unabhängigkeit beider Wirkungen bewußt gewesen sind, ergiebt das Verhältnis der vestalischen Jungfrau, welche von der Gewalt befreit wird, während das Agnationsverhältnis fortdauert. Der juristische Ausdruck dafür ist: sie erleidet keine capitis deminutio, die Frau wohl, der Begriff der capitis deminutio ist also gleichbedeutend mit der Zerstörung des Agnationsverhältnisses. Warum nun die letztere Wirkung bei der Frau? Das Interesse derselben ist ausschließlich erbrechtlicher Art: die Frau verliert ihr Erbrecht in der bisherigen Familie und letztere verliert jedes Erbrecht an ihr, erbrechtliche Fragen sind fortan zwischen beiden Teilen undenkbar, damit wird eine der fruchtbarsten Quellen der Zwietracht zwischen der verheirateten Frau oder ihrem Manne und der Familie der Frau verstopft.

Ist die Frau bei der Verheiratung bereits selbständig (sui juris), so geht mit ihr nach Rechtsnotwendigkeit ihr ganzes Vermögen als Frauengut (res uxoria) auf den Mann über, eines besonderen Aktes (Bestellung der Dos) bedarf es dazu nicht, die Frau gehört dem Manne, folglich auch alles, was ihr gehört. Den Verwandten geht dasselbe für immer verloren, die Basis für ihre Erbansprüche, die Agnation, wird ja durch die capitis deminutio der Frau zerstört. Nun steht aber die Frau unter der Vormundschaft derselben Verwandten, welche durch diesen Akt ihrer Erbansprüche beraubt werden sollen, für die Begründung der manus durch coëmtio ist das Erfordernis der Zustimmung derselben (tutoris autoritas) ausdrücklich bezeugt und für die confarreatio wird es ebenfalls anzunehmen sein. Hätten sie dieselbe beliebig versagen oder an die Bedingung der Abtretung des Vermögens oder eines Teiles desselben knüpfen dürfen, so hätten sie die Ehe unmöglich machen können, wir sind daher zu der Annahme genötigt, daß sie dieselbe erteilen mußten.

Befindet sich die Frau bei Eingehung der Ehe in väterlicher Gewalt, so kann sie dem Manne nichts mitbringen, das ihr gehört, sie könnte den Mann nur auf ihren künftigen Erbteil vom Vater verweisen. Aber durch Austritt aus ihrer bisherigen Familie geht ihr wie ihr Erbrecht gegen ihre sonstigen Verwandten so auch das gegen den Vater verloren. Hier bedurfte es einer Aushülfe, und sie bestand in der vom Vater dem Manne bestellten Dos, die Tochter würde sich ohne sie gar nicht verheiraten können, oder sie müßte erst den Tod des Vaters abwarten. Die Dos charakterisiert sich als „Gabe" (do, dare, dos — δῶ, δόσις), und dadurch hebt sie sich ab von dem Vermögen, das die selbständige Frau dem Manne mitbringt, dem Frauengut, der res uxoria; letzteres geht von selbst auf den Mann über, die Dos muß bestellt werden (dos datur, dicitur, promittitur). Darin erblicke ich den ursprünglichen Unterschied zwischen den beiden später als völlig gleichbedeutend gebrauchten Ausdrücken. Sprachlich paßte der Ausdruck res uxoria so wenig für das, was der Vater gab, als der Ausdruck dos für das, was die Frau mitbrachte, denn jenes gehörte nicht ihr, sondern dem Vater, und dieses ward nicht gegeben, sondern ging von selbst auf den Mann über. Ein anderer Unterschied zwischen beiden Fällen bestand darin, daß die res uxoria dem Manne für immer verblieb, auch wenn die Frau ohne Kinder verstarb, während er die Dos in diesem Falle dem Vater zurückzugeben hatte. Warum? Die römischen Juristen sagen: als Trost für den Verlust der Tochter, allein der wahre Grund war ein anderer. Die Dos enthält die Abfindung der Tochter für das Erbrecht, dessen sie durch den

Austritt aus der Gewalt des Vaters verlustig geht, ihr Erbteil muß ihr jetzt bereits mitgegeben oder wenigstens soweit ein Teil noch beim Vater stehen bleiben soll, zugesichert werden (dos cauta, non numerata), sonst bekommt sie später nichts. Aber Erbfolge setzt voraus, daß der Erbe den Erblasser überlebt; stirbt die Frau vor dem Vater, so ist die Voraussetzung, die ihn zur Abtretung ihres künftigen Erbteils bestimmte, nicht eingetreten, und der Mann, der denselben in Händen hat, muß ihn zurückgeben. Nur wenn Kinder da sind, hat er ein Recht des Abzuges: ein Fünftel für jedes Kind — die alte Zeit verlangt von den Gatten fünf Kinder, dieselbe Zahl, welche später in den Provinzen für das jus liberorum verlangt ward, während man sie für Italien auf vier, für Rom auf drei herabsetzte. Überlebt die Tochter den Vater, so ist die Voraussetzung des Erbfalls eingetreten, und die Dos verbleibt dem Manne auch dann, wenn die Frau später ohne Kinder verstirbt. Der Gesichtspunkt, den die alte Zeit bei der Gestaltung des Rechts der Dos vor Augen hatte, ist also offenbar der einer anticipierten Erbfolge, und dieser Gesichtspunkt bewährt sich auch an dem Namen, mit dem die durch den Vater bestellte Dos sich von der durch andere Personen bestellten unterschied: dos profectitia; er ist nicht darauf gemünzt, daß sie vom Vater ausgeht[21]), sondern daß sie zu ihm zurückkehren kann[22]) — es ist das Bild der Reise, das hier auf den Erbteil angewandt wird (dos proficiscitur), er ist auf Reisen gegangen, möglicherweise kehrt er wieder zurück, möglicherweise nicht, aber immer kann er nur zu demjenigen zurückkehren, von dem er ausgegangen ist: zum Vater.

---

21) Worauf Ulpian in l. 5 pr. de J. D. (23, 3) sich beschränkt.

22) So derselbe Ulpian Fr. VI, 4: Dos a patre profecta ad patrem revertitur. Daraus ergiebt sich, wie verkehrt die moderne Übertragung desselben Ausdrucks auf das peculium ist, schon der Umstand allein, daß die Römer ihn in diesem Fall vermeiden, hätte auf die richtige Bedeutung desselben führen sollen.

Dem bisherigen nach ist es also das Erbrecht, um das die beiden Begriffe der capitis deminutio der Frau und der dos profectitia sich drehen; jede erbrechtliche Beziehung zwischen der Frau und ihrer bisherigen Familie wird durch ihren Eintritt in die Manus-Ehe abgebrochen, weder sie kann fortan noch ein Erbrecht gegen ihre Verwandten geltend machen, noch letztere gegen sie. Das ist auf den ersten Blick nur eine vermögensrechtliche Folge, aber die Sache hatte zugleich ihre hohe ethische Bedeutung, sie sicherte den Frieden des römischen Hauses, alle Streitigkeiten der Angehörigen der Frau und des Mannes über Mein und Dein waren damit in der Geburt erstickt, eine der fruchtbarsten Quellen der Zwietracht unter Verwandten damit verschlossen; die Frau und ihr Mann haben von letzteren nichts mehr zu fordern und zu erwarten und letztere nichts mehr von ihr, der Erisapfel des Erbrechts ist beseitigt.

An Stelle des ihr verloren gegangenen Erbrechts in ihrer bisherigen Familie tauscht jetzt die Frau das Erbrecht in der des Mannes ein, nicht bloß gegen ihn selbst, sondern gegen alle seine Verwandten, sie behauptet in derselben in erbrechtlicher Beziehung die gleiche Stelle, wie die Tochter (filiae locum obtinet). Nur die Frau, welche in die Manus des Mannes trat, hieß materfamilias, die Frau, welche in der Gewalt des Vaters oder der Vormünder verblieb, war bloß matrona oder uxor[23]). Der Name ist charakteristisch. Sie führt denselben, noch bevor sie mater im natürlichen Sinne geworden ist, ihre Bestimmung ist Mutter zu werden, und danach heißt die Ehe matrimonium[24]) und jede verheiratete Frau matrona; es verhält sich damit ebenso wie mit dem unmündigen paterfamilias, der seinen Namen von der Bestimmung des selb-

23) Gell. XVIII, 6 § 8, 9. Cic. Topic. 3. 14.

24) Gellius a. a. O. dictamque esse ita a matris nomine non adepto jam, sed cum spe et omine mox adipiscendi, unde ipsum quoque matrimonium dicitur.

ständigen Mannes, Schützer der Seinigen zu sein, führt, obschon er derselben zur Zeit noch nicht gewachsen ist (S. 52). Der Zusatz familias charakterisiert sie als Glied des römischen Hauses (familia = Haus, s. unten), aber nicht etwa im persönlichen, sondern im sachenrechtlichen Sinne, ebenso wie paterfamilas, filiafamilias, der Zusatz bezeichnet die Personen, welche ein Anrecht an der familia haben: ein gegenwärtiges, wie der paterfamilias, ein zukünftiges, wie die übrigen [25]). Die bloße matrona, uxor hat daran kein Anrecht, juristisch gesprochen können wir also sagen: der Ausdruck materfamilias betont das Erbrecht der Frau.

Das ist die Gestalt der Sache bei der Manusehe: die Frau bricht alle persönlichen und vermögensrechtlichen Beziehungen zu ihrer bisherigen Familie ab, um sich ganz mit Leib und Gut dem Manne dahin zu geben, ihre ganze Vergangenheit wird sozusagen juristisch vernichtet, um das neue Leben, das sie an der Seite des Mannes beginnen soll, zu ermöglichen und gegen alle Anfechtungen zu sichern, sie ist fortan ausschließlich an den Mann und dessen Familie gewiesen. Gegen diese Gestalt der Sache in der Manusehe sticht nun die bei der sogenannten freien Ehe in einer Weise ab, daß man, wie schon oben bemerkt, kaum begreift, wie so grundverschiedene Gestaltungen desselben Verhältnisses nebeneinander haben bestehen können. In der letzteren ist, wenn die Frau sich noch in der väterlichen Gewalt befindet, nicht der Mann, sondern der Vater Herr über die Frau, er kann ihr befehlen, das Haus desselben zu verlassen [26]), und wenn sie sich vergeht, hat nicht der Mann,

25) Die natürliche Anschauung des römischen Lebens sprach ihm schon bei Lebzeiten des Vaters ein Miteigentum zu, s. die Belegstellen dazu im „Geist" II, 1 S. 208 Note 317—319, S. 211 Note 324.

26) Dies ergiebt sich aus der Art, wie Ulpian in l. 1 § 5 de lib. exh. (43. 30) sich äußert, ebenso aus Ulp. Fr. VI, 10 . . . si culpa patris, cujus in potestate est, divortium factum sit.

sondern er die Strafgewalt über sie. Ist sie selbständig, so steht es ihr frei, das Haus des Mannes zu verlassen, und um ihre Selbständigkeit zu bewahren, muß sie dies sogar jährlich einmal thun (das trinoctium S. 60); dem alten Recht ist ein Zwangsrecht des Mannes, sie in sein Haus zurückzuschaffen, fremd[27]), das heißt also: die Frau hat ein freies Scheidungsrecht. In vermögensrechtlicher Beziehung übt die Ehe in Bezug auf die Rechtsstellung der Frau ebensowenig einen Einfluß aus, sie behält ihr Erbrecht gegen ihre Verwandten und letztere gegen sie, der Mann erhält keins gegen sie und sie nicht gegen ihn, die einzige Wirkung, welche die Ehe als solche ausübt, besteht in der Ungültigkeit der Schenkungen unter den Gatten, im übrigen steht die Frau dem Manne ganz so gegenüber wie eine Fremde. Sie kann daher, wenn sie eigenes Vermögen besitzt, dasselbe für sich behalten, in welchem Fall die Machtstellung der Tutoren über sie, soweit dieselbe überhaupt reicht, unverringert fortdauert. Aber in Wirklichkeit war dies der römischen Sitte fremd, wie sich daraus ergiebt, daß die lateinische Sprache für ein solches Sondergut der Frau gar keinen Namen besaß und genötigt war, ihn in späterer Zeit von der griechischen zu entnehmen (parapherna). Die Frau bestellte ihr Vermögen dem Manne zur Dos, eine Weigerung der Tutoren, ihre autoritas zu erteilen, wird rechtlich ebenso wenig statthaft gewesen sein wie im Falle der Manusehe, weil sie sonst jede Ehe hätten unmöglich machen können. Auch hier wird dasselbe als Frauengut, res uxoria, bezeichnet worden sein, die Begriffe dos und res uxoria fielen hier zusammen. Befand sich die Frau noch in der Gewalt des Vaters, so büßte sie, da sie auch fernerhin in derselben verblieb, ihr Erbrecht nicht ein, der Gesichtspunkt, auf den wir oben (S. 69) die Unerläßlichkeit der dos profectitia bei der Manusehe zurück-

27) Es taucht erst in spätester Zeit auf, l. 2 de lib. exh. (43. 30).

geführt haben, die Abfindung wegen der Einbuße des Erbrechts, traf hier also nicht zu. Aber thatsächlich bestand doch für den Mann dieselbe Gefahr, denn der Vater konnte die Erbaussichten der Frau durch Verfügungen unter Lebenden oder im Testament zu Gunsten seiner Söhne oder Agnaten vereiteln. Darum bedurfte es auch hier der Bestellung der Dos von seiten des Vaters. Auch hier war sie profectitia, d. h. sie kehrte, wenn die Frau vor ihm kinderlos verstarb, zu ihm zurück, nicht minder im Fall der Scheidung; die Beschränkungen, welchen sein Anspruch unterlag, haben für mich kein Interesse.

Fassen wir das bisher Gesagte zusammen, so werden wir keinen Widerspruch zu befürchten haben, wenn wir der Manusehe in Bezug auf die ethische Verwirklichung der Idee der Ehe durch das Recht vor der freien Ehe entschieden den Vorzug zugestehen. Zwar die Liebe der Gatten, welche die Ehe erst zu dem macht, was sie sein soll, läßt sich durch das Recht ebenso wenig bannen wie beirren, sie spottet aller Rechtsvorschriften, aber es würde doch sehr verkehrt sein, den Einfluß, den das Recht auf die normale Gestaltung des ehelichen Lebens auszuüben vermag, zu unterschätzen. Es ist doch ein anderes Ding, ob das Recht der Frau zuruft: du gehörst mit allem, was du bist und hast, dem Manne an, dein Los ist mit dem seinigen untrennbar verbunden, oder ob es ihr zuruft: du bist deine eigene Herrin, euer Verhältnis ist ganz auf euern beiderseitigen guten Willen gestellt. Und es ist ein anderes Ding, ob das Recht, wie es bei der Manusehe geschah, allen Konflikten des Mannes mit dem Vater und den Verwandten der Frau durch den Abbruch aller personenrechtlichen und vermögensrechtlichen Beziehungen zu ihnen (capitis deminutio) vorbeugt, oder ob es, wie in der freien Ehe, durch das Bestehenlassen derselben eine Quelle von Mißhelligkeiten und Streitigkeiten eröffnet, welche den Frieden und das Glück der Ehe trüben.

F ü n f t e n s: d a s G e b o t d e r e h e l i c h e n T r e u e f ü r d i e F r a u. Dasselbe gilt für die Ehe schlechthin, aber es besteht nur für die Frau, nicht für den Mann, und damit berühren wir den wunden Punkt der römischen Ehe. Der Mann verlangt von der Frau die Treue, er selber dispensiert sich davon. Rechtlich prägt sich diese Verschiedenheit darin aus, daß nur die Frau einen Ehebruch begehen kann, nicht der Mann, er kann zwar eine fremde Ehe brechen, nicht aber die eigene. Ertappt er die Frau auf der That, so gewährt noch das spätere Recht ihm die Befugnis, sie gemeinsam mit dem Ehebrecher zu töten, entdeckt er ihr Vergehen hinterher, so kann er oder ihr Vater, wenn sie sich noch in dessen Gewalt befindet, mit Zuziehung der Verwandten Gericht über sie halten (s. unten), jedenfalls darf er sie verlassen, die Ehe trennen. Sie ihrerseits dagegen muß dulden, daß er mit Sklavinnen oder Kebsweibern (pellices) geschlechtlichen Verkehr unterhält; das Kebsweib begeht eine Sünde, ist religiös unrein[28]), er selber geht frei aus. Allerdings begegnet uns auch der Ehebruch des Mannes unter dem Gesichtspunkt der mores graviores als Grund vermögensrechtlicher Einbuße im Dotalrecht[29]), aber dies gehört sicherlich erst der späteren Zeit an. Das Gebot der Treue erstreckt sich für die Frau über ihre ganze Lebenszeit, die richtige Frau soll dem Manne die Treue sogar bis über das Grab hinaus bewahren, eine zweite Ehe ist verpönt, zwar nicht durch das Recht[30]), aber durch die Sitte; wird sie gleichwohl eingegangen, so geschieht es ohne Sang und Klang, und die Frau verwirkt das Recht, im Tempel der weiblichen Keuschheit ihr Gebet zu verrichten d. h. sie zählt nicht mehr zu den ehrbaren Matronen,

28) Angebliche Bestimmungen von Numa bei Fest. Pellices: Pellex aram Junonis ne tangito; si tanget Junoni crinibus demissis agnum feminam caedito.

29) Ulp. VI, 12, 13.

30) Möglich, daß in alter Zeit der patricischen Frau die Eingehung der zweiten Ehe selbst rechtlich dadurch unmöglich gemacht werden konnte, daß der Pontifex maximus seine Mitwirkung zur Confarreation versagte.

deren höchster Ruhm die Keuschheit ist. Dies Gebot der Bewahrung der ehelichen Treue über den Tod hinaus erinnert an das Mutterland Indien, in dem es später die Gestalt der freiwilligen und dann der durch die Sitte erforderten Selbstverbrennung der Witwe annahm[31]). Den Griechen kam der Gedanke gänzlich abhanden, in der Heroenzeit heiraten die Königinnen sogar die Mörder des Mannes, als bildeten sie bloß eine Zugabe zum Thron, die Römer dagegen haben auch in diesem Punkt an der Auffassung des Muttervolkes festgehalten, selbst noch bis in die Periode der Sittenverwilderung hinein bildet es den Ruhm der Frau, nur einem Manne angehört zu haben (uni nupta).

Sechstens: Unlöslichkeit der Ehe. In der historischen Zeit ist die Ehe löslich, die nichtconfarreierte Ehe schlechthin, sowohl durch Vereinbarung der Gatten als durch einseitige Kündigung, die confarreierte Ehe nur bedingt, sie setzte den Akt der diffarreatio voraus, bei der dieselben Personen mitwirken mußten wie bei der confarreatio, und denen hier dasselbe Recht der Prüfung, eventuell der Versagung ihrer Zustimmung zugestanden haben wird, wie bei jener. Ob die diffareatio bereits dem ältesten Recht angehört, ist bestritten, ich schließe mich der Ansicht an, welche es verneint und dafür die Unlösbarkeit der Ehe des flamen dialis — der letzte Rest des ältesten Rechts — in Bezug nimmt. Mit welchen Augen der Römer die Ehescheidung ansah, erhellt aus der Sage, welche die erste Ehescheidung in das sechste Jahrhundert der Stadt versetzt, es ergiebt sich daraus jedenfalls die Seltenheit derselben in alter Zeit.

Damit glaube ich die charakteristischen Züge der altrömischen Ehe wiedergegeben zu haben. Die Auffassung der Ehe, die sich in ihnen wiederspiegelt, ist eine so sittlich würdige und edle, daß man sie mit der christlichen auf eine Linie stellen

---

31) Vgl. hierzu „Vorgeschichte der Indoeuropäer“ S. 49 ff.

könnte, wenn sie sich nicht in einem, aber allerdings sehr erheblichen Punkte selbst verleugnete, den mit Recht die christlichen Kirchenväter den Römern zum schweren Vorwurf gemacht haben. Es ist die Ungleichheit der Behandlung beider Geschlechter in Bezug auf das Gebot der ehelichen Treue, die mit der geschlechtlichen Differenzierung des römischen Tugendbegriffs zusammenhängt. Die eigentümliche Tugend des Mannes ist die Tapferkeit (Männlichkeit, virtus), die der Frau die Keuschheit, Schamhaftigkeit (pudicitia), auf jener beruht der Bestand des Gemeinwesens, den der Mann, auf dieser der des Hauses, den die Frau zu sichern hat, beide Teile verwirken ihre Achtung, wenn sie es an dieser Eigenschaft fehlen lassen. Dieser Gegensatz in der Stellung und Bestimmung beider Geschlechter wird bei Eingehung der Ehe in dem Ritual derselben symbolisch zum Ausdruck gebracht: der Mann raubt die Frau aus dem Kreise der ihrigen, die Frau verhüllt sich, sein Symbol ist der Speer, das ihrige der Schleier. Erst das Christentum hat den Gedanken der Gleichheit beider Geschlechter in Bezug auf das geschlechtliche Verhalten und die eheliche Treue, welcher dem klassischen Altertum und dem Orient fremd war, proklamiert, er bildet einen Wendepunkt zwischen der vorchristlichen und der christlichen Welt. Ich glaube mich nicht zu irren, wenn ich dem Institut der Sklaverei die Hauptschuld an der laxen vorchristlichen Sitte zuschreibe, was näherer Ausführung nicht bedürfen wird, und mit dem Kampf, den das Christentum gegen die Sklaverei eröffnete, hat es zugleich der geschlechtlichen Sittlichkeit den Weg geebnet.

Die Bestimmung der Frau ist Mutter zu werden, danach trägt sie selber, schon bevor sie es wird, den Namen materfamilias und die Ehe den Namen matrimonium. Kinder verlangt von ihr der Mann wie das Gemeinwesen, jener damit sein Stamm und sein Name erhalten bleibe und Kinder ihm die Totenopfer bringen, dieses, weil der Bestand und das Gedeihen des Staats auf dem Nachwuchs beruht. Unfruchtbarkeit ist das schlimmste Los, das die Frau treffen kann, ein Makel, der sie in den Augen des Mannes und der Welt herabsetzt und das Glück und den Frieden der Ehe bedroht. So erklärt es sich, daß sie auf den Gedanken geraten konnte, durch Betrug zu ersetzen, was die Natur ihr versagt hatte; zur geeigneten Zeit, wenn der Mann im Felde stand, veranstaltete sie eine künstliche Niederkunft, kam er zurück, so fand er das gewünschte Kind vor. Schon die Urzeit weiß von der Kindesunterschiebung seitens der Frau zu berichten, die Tradition führt die Bestimmung, daß der Mann sie dieserhalb verstoßen könne, auf Romulus zurück[32]).

Die normale Zahl der Kinder, welche sich im römischen Hause finden soll, ist wie bereits oben (S. 69) bemerkt, fünf. An den Töchtern liegt aber nicht viel, für ein kriegerisches Volk kommen in erster Linie die Söhne in Betracht. Daher die Bestimmung, daß der Vater die Töchter beliebig aussetzen darf, nur die erstgeborne soll er aufziehen, während er von den Söhnen nur die krüppelhaften oder mißgeborenen aussetzen darf, wobei er aber fünf Nachbarn zuziehen muß, welche sich davon zu überzeugen haben. Wir entnehmen daraus, daß die Kinderaussetzung für das sittliche Gefühl der Urzeit nichts Widerstrebendes hatte — die Gründer Roms, Romulus und Remus, waren der Sage zufolge ausgesetzte Kinder — und daß nur das Staatsinteresse es war, welches dem Recht des Vaters eine Schranke setzte. Es ergiebt sich dies auch aus der römischen Sitte der Aufnahme des neugebornen Kindes durch den Vater (liberos tollere), der Akt der Geburt allein bringt ihn noch nicht in ein Verhältnis zu demselben, sondern erst sein eigener Wille[33]).

Wem die Natur die eigenen Kinder versagt hat, der kann auf künstlichem Wege dem Mangel abhelfen, aber nicht wie in

32) Vgl. „Vorgeschichte der Indoeuropäer" S. 418 ff.

33) „Vorgeschichte der Indoeuropäer" S. 405 f.

späterer Zeit dadurch, daß er das Kind eines Andern an Kindes Statt annimmt (adoptio), was durch Rechtsgeschäft zwischen beiden Parteien geschehen kann, sondern nur mit Genehmigung des ganzen Volks (arrogatio). Der Zweck ist Fortpflanzung des Namens und des Geschlechts, darum kann nur eine Person männlichen Geschlechts und nur ein Zeugungsfähiger (pubes) arrogiert werden. Arrogation ist Annahme eines Sohnes, Adoption Annahme eines Kindes (Sohn wie Tochter), beide Akte können nur von einem Manne vorgenommen werden, da nur in seiner Person das Verhältnis zu den Kindern den Charakter eines Machtverhältnisses (patria potestas) an sich trägt, das sich auf künstlichem Wege herstellen läßt, während das der Mutter zu den Kindern rein natürlicher Art ist und nicht künstlich nachgebildet werden kann. Die Adoption ist dem älteren Recht unbekannt, sie ist erst nach den Zwölf Tafeln aufgekommen, was sich aus der Eigentümlichkeit ihrer Form ergiebt[34]). Nach der Auffassung der Urzeit ist das Verhältnis des Vaters zu den Kindern ganz so wie das des Mannes zu der Frau ein unzerstörbares, so wenig dieser sich von der Frau, so wenig kann jener sich von den Kindern trennen, Ehescheidung, in adoptionem datio und emancipatio vertragen sich nicht mit der Verfassung des altrömischen Hauses und des Geschlechterstaates, alle drei werden sich zuerst bei den Plebejern gefunden haben, und dann erst von den Patriciern hinübergenommen worden sein. Die Adoption verhält sich zur Arrogation ebenso wie die Coëmtio zur Confarreatio, das Mancipationstestament zum testamentum in comitiis calatis, in allen drei Fällen handelt es sich um den Gegensatz der Stellung des Akts in den freien Privatwillen und der Abhängigkeit des-

---

34) Vorbereitung durch in jure cessio der väterlichen Gewalt, Scheinverkauf des Kindes von seiten des bisherigen Vaters in Hinblick auf den Satz der XII Tafeln: Si pater filium ter venunduit, filius a patre liber esto.

selben von der Zustimmung des Volks, die letztere Gestalt der Sache ist die ursprüngliche, jene die spätere. Der Gedanke des patricischen Geschlechterstaats ist: der Einzelne ist ein Glied des Ganzen, Ehe, Arrogation, Testament berühren das Interesse der Genossenschaft, und unterliegen daher der Mitwirkung derselben; der Gedanke des neuern ist der des Plebejertums: das Individuum ist auf sich selber gestellt, alle drei Akte hängen von seinem freien Entschluß ab.

Die Macht, welche das alte Recht dem Vater über die Kinder einräumt, ist im wesentlichen dieselbe wie die des Mannes über die Frau, beide ordnen sich dem generellen Begriffe der manus unter, mit welchem Ausdruck, wie sofort gezeigt werden soll, in der Urzeit die gesamte Gewalt des Hausherrn über sein Haus bezeichnet ward. Bevor ich mich der letzteren zuwende, bringe ich die gegenwärtige Darstellung zum Abschluß, indem ich die Gestaltung, welche das älteste Recht den beiden Grundverhältnissen des römischen Hauses: dem des Mannes zur Frau und des Vaters zu den Kindern gegeben hat, einer Betrachtung unterwerfe, welche die Eigentümlichkeit derselben zum Bewußtsein zu bringen beabsichtigt.

Das gangbare Urteil hält sich bloß an den einen Charakterzug, der sofort in die Augen springt, und den auch die römischen Juristen bei der väterlichen Gewalt, bei der er sich zu ihrer Zeit allein noch behauptet hatte, nicht versäumen hervorzuheben[35]): die Machtfülle, mit der das alte Recht die Gewalt des Hausherrn über Weib und Kinder ausgestattet hat. Aber ihm tritt ein anderer nicht minder scharf ausgeprägter gegenüber, den man regelmäßig übersieht, es ist der des Interesses, welches das Gemeinwesen an beiden Verhältnissen nimmt und im Wege des Rechts bethätigt. Mag er, wenn das Verhältnis

35) Gaj. I, 55 . . . quod jus proprium civium Romanorum est, fere enim nulli alii sunt homines, qui talem in filios suos habent potestatem, qualem nos habemus.

einmal begründet ist, dasselbe thatsächlich gestalten, wie er es für gut findet, in Bezug auf die Begründung und Endigung desselben zeichnet das Recht ihm Schranken vor, die er nicht überspringen kann. Die Lösung des einmal begründeten Verhältnisses ist gänzlich ausgeschlossen, gleichmäßig in Bezug auf die Frau wie auf die Kinder, die häusliche Genossenschaft ist eine unzerstörbare, die nur der Tod lösen kann, lediglich die Tochter, welche sich verheiratet, scheidet faktisch wie rechtlich aus derselben aus, alle anderen Glieder bleiben, auch wenn sie faktisch das Haus verlassen, im Rechtssinn Hausgenossen (sui); Ehescheidung, in adoptionem datio, emancipatio sind dem Recht der Urzeit unbekannt, vertragen sich nicht mit dem Gedanken der Urzeit, daß die Genossen des Hauses in Glück und Unglück fest zusammenstehen und zu einander halten, sich nie von einander trennen sollen. In Bezug auf die Frau bethätigt das Gemeinwesen sein Interesse durch das Erfordernis des connubium (S. 61 ff.) und die Form der confarreatio (S. 64), in Bezug auf die Kinder durch das Verbot der Aussetzung (S. 77). Daß letzteres nicht in dem Motiv der Menschlichkeit, sondern in dem rein politischen der Sorge für den männlichen Nachwuchs seinen Grund hat, ergiebt sich aus der beschränkten Geltung desselben.

Um die Bedeutsamkeit dieses energischen Eingreifens des Rechts in die Gestaltung der Familienverhältnisse richtig zu würdigen, muß man sich den Gegensatz vergegenwärtigen, den in dieser Beziehung das Recht anderer Völker in ihrer Kindheitsperiode darbietet. Der Mann nimmt sich die Frau ganz nach freier Wahl, selbst eine Sklavin, und die Kinder, die er erzeugt hat, sind seine Kinder, ohne Unterschied, wer die Mutter war, und will er sie nicht auferziehen, so setzt er sie aus. Welche Anspannung des Rechtsgedankens gehörte dazu, damit in Rom das Recht dem Manne zurief: die Frau, die du genommen hast, ist nicht deine Frau, die Kinder, die du gezeugt hast, sind nicht deine Kinder, ich, das Recht, erkenne sie nicht an. Der Jurist, der in der Schule des Rechts groß geworden ist, mag darin nichts befremdendes finden, ich meinerseits erblicke darin bereits die Signatur des geborenen Rechtsvolkes — den Herkules in der Wiege, der mit eiserner Hand das Natürliche in die Form des Rechts zwängt. Hand in Hand mit dieser Leistung geht eine andere nicht minder großartige: das Recht, das den Eingang und Ausgang des römischen Hauses bewacht, macht bei der Pforte desselben Halt und überläßt das Innere einer andern Macht. Nicht der Willkür und Grausamkeit des Hausherrn, wie es dem abstrakten Rechtsbegriff der manus nach scheinen könnte, sondern der Sitte, welche sie zu dem gestaltete, was sie sein sollte und thatsächlich war. Der Gegensatz des Rechts und der Sitte gehört neben der Scheidung des Rechts in fas und jus zu den größten und folgenreichsten Thaten des geborenen Rechtsvolkes.

2. Die Stellung des Hausherrn.

a. Der Gegensatz von familia und pecunia.

Wenn wir einen Römer zu Ciceros Zeit nach dem Ausdruck gefragt hätten, mit dem er sein Vermögen bezeichne, so würde er uns bona genannt haben, dieser Ausdruck hatte sowohl in der Sprache des täglichen Lebens als in der des Rechts den alten familia pecuniaque verdrängt, der alten Rechtssprache ist der erstere Ausdruck ebenso fremd, wie der neuern dieser. Letzteres ist bekannt, nirgends wird in den neueren Rechtsquellen, in den Gesetzen wie im Edikt, das Vermögen mit familia oder familia pecuniaque bezeichnet, nur in der alten Formel der Testamentserrichtung, nebst den mit ihr in Verbindung stehenden Wendungen und dem Namen der actio familiae erciscundae hatte er sich noch erhalten, aber die alte Bedeutung des Ausdrucks war dem neuern Geschlecht so fremd geworden, daß Gajus (II 102) es für nötig hält, bei Schilderung des Vorgangs der Testamentserrichtung die Wendung: familiam mancipio dabat durch „i. e. patrimonium suum“ zu erklären. Gegen die erstere Behauptung läßt sich einzig der Umstand geltend machen, daß Ulpian für das bereits den Zwölf Tafeln angehörige Institut der cura prodigi sich des Ausdrucks bona bedient[36]). Allein in den uns in ihrer ursprünglichen Fassung noch erhaltenen Bruchstücken des Gesetzes heißt es stets familia oder pecunia[37]), in der Formel des Mancipationstestaments familia pecuniaque, nirgends bona, wir dürfen daher annehmen, daß Ulpian hier, wie die römischen Juristen es nicht selten thun[38]), das alte Recht mit dem modernen Ausdruck wiedergegeben hat, dessen sich der Prätor bei der Neuerung, die er mit demselben vornahm, bedient hatte. Ebenso machten es die römischen Historiker, indem sie von einer Einziehung oder Besitznahme der „bona“ in alter Zeit reden, während wir wissen, daß die Gesetze selber sich des Ausdrucks familia bedienten[39]).

Familia oder familia pecuniaque ist die Bezeichnung

36) Ulp. Fr. XII, 3 . . . prodigum, cui bonis interdictum est, l. 1 pr. de cur. fur. (27. 10) . . . prodigo interdicitur bonorum suorum administratio.

37) Tafel V: uti legassit super pecunia tutelave suae rei — agnatus proximus familiam habeto — gentiles familiam habento — si furiosus escit, agnatum gentiliumque in eo pecuniaque ejus potestas esto.

38) So z. B. Gajus, der dem Ausdruck herus, dessen sich die lex Aquilia selber bedient hatte (l. 11 § 6 ad l. Aq. 9. 2) den Ausdruck dominus im Gesetz substituiert, l. 2 pr. ibid.; so Paulus, Vat. fr. 50, der die mancipatio durch die 12 Tafeln bekräftigen läßt, während sich das Gesetz selber des Ausdrucks mancipium bedient hatte.

39) Liv. III, 55 familia ad aedem Cereris Liberi Liberaeque venumiret. Festus sacratae . . . sacer alicui deorum sicut familia pecuniaque. So auch die Widmung von seiten der Privatperson Liv. II, 41: ex Cassii familia datum.

des Vermögens im alten Civilrecht, bona die im neuern Recht, und zwar ist es der Prätor, der dieselbe zuerst aufgebracht hat, aus dem prätorischen Edikt ist sie dann auch in die Sprache der Gesetze übergegangen [40]). Sie erscheint, und vielleicht zuerst, in der Formel der interdictio bonorum [41]), sodann im prätorischen Zwangsverfahren (immissio in bona), im Konkursverfahren (venditio bonorum: der bonorum emtor statt des familiae emtor), im prätorischen Erbrecht (bonorum possessor) und in einer Menge prätorischer Klagen, z. B. der act. vi bonorum, actio Serviana, dem interdictum fraudatorium [42]), dem interdictum quorum bonorum, quod legatorum u. a. m.

Warum hat der Prätor nicht die alte Bezeichnungsweise beibehalten? Lag es doch sonst nicht in der Weise der Römer, sich ohne Not vom Althergebrachten loszusagen, haben sie doch in ihrem Recht Formen, die sich längst überlebt hatten, wie z. B. die mancipatio, noch Jahrhunderte mit sich fortgeschleppt, und haben sich doch auch in der Rechtssprache manche Wendungen behauptet, die für die neuere Zeit gar nicht mehr paßten, z. B. der aus der Periode des ungemünzten Metalls stammende Ausdruck aes alienum für Schulden und die mancherlei dem Wägen des Metalls entstammenden Ausdrücke, z. B. compensatio, impensae. Man sage nicht: der Sprachgebrauch des Lebens war ein anderer geworden, und der Prätor schloß sich ihm an, um sich verständlich zu machen; damit wird das richtige Verhältnis zwischen der Sprache des Rechts und der des Lebens umgekehrt, jene folgt nicht dieser, sondern diese

40) So in die Kriminalgesetze, welche eine publicatio bonorum anordneten, und in die Senatuskonsulte s. z. B. l. 20 § 6 de her. pet. (5. 3) partes caducae ex bonis Rustici.

41) Paul. S. R. III, 4 a, 7.

42) Bei jener: „rem in bonis fuisse" l. 15 § 1 de pign. (20. 1), bei diesem: „quid in bonis sciente te fecit" l. 10 pr. quae in fraud. (42. 8).

jener. Die Veränderung der Rechtssprache kann nur darin ihren Grund haben, daß das Recht selber sich in einer Weise verändert hat, welche die Beibehaltung der alten Ausdrücke unmöglich macht — das Verschwinden der alten Rechtsausdrücke in den Quellen des neuern Rechts und das Aufkommen neuer verkündet die Beseitigung der alten Begriffe und ihre Ersetzung durch neue. In Bezug auf den Vermögensbegriff läßt sich dieser Nachweis mit aller Evidenz erbringen, der moderne Vermögensbegriff ist ein völlig anderer als der alte, in dem Gegensatz von familia pecuniaque und bona spiegelt sich eine der größten Umwandlungen ab, welche das römische Recht jemals erfahren hat, und sie beschränkt sich nicht bloß auf das Vermögensrecht, sondern erstreckt sich auch auf das Familienrecht. Der genauere Nachweis muß einer späteren Stelle vorbehalten bleiben, aber schon hier mag es verstattet sein, die wesentlichen Momente kurz namhaft zu machen, um das älteste Recht in seiner Eigentümlichkeit von dem neueren klar abzuheben. Zwei Punkte sind es, um welche der Gegensatz sich bewegt.

Der erste: Familia pecuniaque bezeichnet eine dualistische Gestaltung des Vermögensrechts, bei der für die eine Hälfte des Vermögens (res mancipi) ein gänzlich anderes Recht galt als für die andere (res nec mancipi); der Ausdruck bona dagegen prädiciert für beide ganz dasselbe Recht, der Gegensatz innerhalb des Vermögens ist in diesem andern Begriff gänzlich überwunden; was sich an Rechtssätzen und Formen der ältern Zeit noch erhalten hat, ist, wo der Ausdruck bona gebraucht wird, ohne Bedeutung.

Der zweite: Der Rechtsbegriff der familia ist auf Römer beschränkt, die Rechtssätze und Formen, welche mit ihm zusammenhängen, erleiden auf Peregrinen keine Anwendung, der Rechtsbegriff der bona dagegen erstreckt sich nicht bloß auch auf Peregrinen, sondern er ist gerade ihretwegen zuerst aufgestellt. Wo in den späteren Rechtsquellen der Ausdruck bona vorkommt, dürfen wir stets präsumieren, daß es sich um Rechtssätze handelt, die auch für Peregrinen bestimmt sind. Familia versetzt uns auf den Boden des ältesten den Römern exklusiv eigenen, bona auf den des ihnen mit den Peregrinen gemeinsamen Rechts[43]).

Wir wenden uns im folgenden der Gestaltung des ältesten Rechts zu, indem wir dabei den Ausdruck familia pecuniaque zu Grunde legen.

Zweifellos ist, daß derselbe alles in sich schließt, was der Römer sein nennt: Haus und Hof, Weib und Kind, Sklaven und Vieh und alles, was sonst sich noch in seinem Hause befindet. Eine solche Zusammenstellung der heterogensten Bestandteile des Hauses zur Einheit der Vorstellung hat an sich nichts überraschendes, auch wir gebrauchen die Ausdrücke Haus, Hauswesen, Hof in demselben weiten, Personen wie Sachen umfassenden Sinn. Die Frage ist nur, ob der Vorstellung eine juristische Bedeutung zukommt und diese Frage ist für die unsrige zu verneinen, für die römische zu bejahen. Alles, was der Römer unter familia zusammenfaßt, unterliegt der gleichen rechtlichen Behandlung, seine Machtstellung im Innern des Hauses wie nach außen hin ist in Bezug auf seine Angehörigen: Weib und

43) Die dualistische Gestaltung der Rechtssprache, die hierin zu Tage tritt, wiederholt sich noch in manchen andern Ausdrücken (z. B. aes und pecunia numerata, sponsio und stipulatio, cautio), bei diesen und allen ähnlichen Wendungen haben wir es nicht bloß mit dem Gegensatz des alten und modernen Sprachgebrauchs, sondern mit dem des specifisch römischen und des internationalen Rechts zu thun, und ich bin der Überzeugung, daß wir, wenn uns nur die Materialien zu Gebote ständen, um die Entwicklung der römischen Rechtssprache zu verfolgen, in dieser Richtung eine überraschende Ausbeute gewinnen würden. Der Einfluß, den die Rücksicht auf die Peregrinen auf das Vermögensrecht ausgeübt hat, kann sich auch in der Sprache nicht verleugnet haben, dem internationalen Recht muß eine internationale Rechtssprache entsprochen haben. Ich werde am geeigneten Ort darauf zurückkommen.

Kinder ganz dieselbe wie in Bezug auf die Sachen, über beide Bestandteile der familia hat er dieselbe rechtliche Macht: die manus, und in Bezug auf sie dasselbe Schutzmittel nach außen hin: die vindicatio. Ebenso kommt in Bezug auf beide dieselbe Form der Übertragung des Rechts an ihnen zur Anwendung: die mancipatio. In Bezug auf dasjenige dagegen, was zur pecunia zählt — wir werden sehen, daß es die res nec mancipi sind — ist sein Rechtsschutz nach außen hin ein minderer, und auch die Form der Übertragung ist anders gestaltet, die bloße Tradition genügt. Familia und pecunia sind Rechtsbegriffe — an dieser Erkenntnis und der genauen Scheidung beider hängt die Rekonstruktion des ältesten Rechts.

Auf den ersten Blick scheint der Zusatz von pecunia zur familia gänzlich bedeutungslos zu sein, bald findet er sich, bald fehlt er, ohne daß damit die mindeste sachliche Verschiedenheit involviert sein kann. In der uns von Gajus (II, 104) mitgeteilten Formel des Mancipationstestaments figuriert die Erbschaft als familia pecuniaque, bei der Beschreibung des Aktes selber nennt derselbe Jurist als Gegenstand der Mancipation lediglich die familia (103: familiam accipiebat mancipio, 104: mancipat familiam), der Scheinkäufer derselben heißt einfach familiae emtor, die Erbteilungsklage actio familiae erciscundae, und derselben abgekürzten Bezeichnungsweise bedienen sich die XII Tafeln bei Gelegenheit des Intestaterbrechts der Agnaten und Gentilen (familiam habento). Derselbe Wechsel im Ausdruck wiederholt sich in Bezug auf die durch die leges sacratae festgesetzte Einziehung des Vermögens bei Livius und Festus, jener nennt bloß familia, dieser familia pecuniaque (Note 39 auf S. 82). Der Satz, wodurch die XII Tafeln dem Bürger die unbeschränkte Testierfreiheit zuerkannten, lautete, wie wir aus Ulpian (Fr. XI, 14) wissen: uti legassit super p e c u n i a tutelave suae rei, Cicero trägt das familia pecuniaque der Testamentsformel in das

Gesetz selber hinein [44]), offenbar gehörten beide seiner Vorstellung nach zusammen, wie familia in der Sprache der XII Tafeln die pecunia, so schließt seiner Ansicht nach auch die pecunia die familia in sich. Die letztere Ansicht haben offenbar auch die römischen Juristen geteilt, in den obigen Worten „super pecunia" erblicken sie die Anerkennung der unbeschränkten Testierfreiheit des Hausvaters über sein gesamtes Vermögen [45]), und diese Annahme ist meines Wissens bisher auch noch nicht dem geringsten Zweifel unterzogen worden. Ich meinerseits erblicke darin einen durch die Veränderung, welche seit den XII Tafeln sowohl mit der Bedeutung von pecunia wie mit dem Testament vor sich gegangen war, hervorgerufenen und entschuldigten historischen Irrtum der römischen Juristen, sie haben das Recht der XII Tafeln im Lichte des Rechts ihrer Zeit und unter Zugrundelegung der modernen Bedeutung von pecunia aufgefaßt, etwas in das Gesetz hineingesehen, was demselben gänzlich fremd war.

Ich gehe von der Voraussetzung aus, die niemand, welcher das alte Recht und die Genauigkeit, die dasselbe in der Wahl seiner Ausdrücke beobachtet, mir bestreiten wird, daß das Zwölftafelgesetz eine und dieselbe Sache nicht mit zwei verschiedenen Ausdrücken bezeichnet haben wird, das eine Mal mit familia, das andere Mal mit pecunia, wo dasselbe sich des letzteren Ausdrucks bedient, muß es damit etwas besonderes haben sagen wollen. Mag auch, wo das Gesetz vom Gesamtvermögen spricht, der Ausdruck familia ausreichen, um über die Anwendbarkeit seiner Bestimmungen auf die pecunia keinen Zweifel

44) Cic. de invent. II, 50, ad Herenn. I, 13. Ihm zufolge hätten die Worte des Gesetzes gelautet: Pater familias uti super familia pecuniaque sua legaverit. Abgesehen von „uti" ist jedes Wort dieses Citats falsch, und das tutelave suae rei gänzlich ausgelassen.

45) Gaj. II, 224: quod quisque de re sua testatus esset. Pomponius in l. 120 de V. S. (50. 16) latissima potestas tributa videtur et heredis instituendi et legata et libertates dandi. Paulus in l. 53 pr. ibid., in der er unter pecunia den gesamten Nachlaß versteht.

aufkommen zu lassen, letztere, um mich juristisch auszudrücken, als bloße Pertinenz der familia gedacht sein, so kann doch, wo das Gesetz den Ausdruck pecunia gebraucht, darunter die familia ebensowenig begriffen sein, wie unter der Regentonne am Hause das Haus; die Bestimmungen, welche das Gesetz hier trifft, sollen vielmehr speciell für die pecunia, nicht auch für die familia gelten. Zwei solcher Fälle sind uns ausdrücklich bezeugt, der eine ist der obige in Bezug auf die Testamentserrichtung, der andere ist der der Anordnung der Kuratel der Agnaten und Gentilen über den Wahnsinnigen, wo die Worte des Gesetzes lauten: in eo p e c u n i a q u e ejus potestas esto. Die genauere Erörterung des ersten Falles behalte ich der Geschichte des testamentarischen Erbrechts vor, indem ich hier nur kurz meine Ansicht mitteile: zu Verfügungen des Testators, welche lediglich die pecunia, d. i. die res nec mancipi betreffen, m u ß das Volk in den Testamentskomitien seine Zustimmung erteilen, in Bezug auf die über die familia, d. h. die res mancipi, bleibt es beim Alten, d. h. das Volk kann sie genehmigen oder verwerfen. In Bezug auf den anderen Fall bestimmt das Gesetz: die res nec mancipi können die Vormünder des Wahnsinnigen veräußern, über die res mancipi haben sie keine Macht. Die letztere Ansicht soll hier begründet werden.

Ich lasse die Vormundschaft über den Wahnsinnigen einen Moment außer Acht, um eine andere Gestaltung derselben ins Auge zu fassen: die über die selbständigen, d. h. nicht in väterlicher Gewalt oder in der manus des Ehemanns stehenden Frauenzimmer. Bei ihr liegt der Einfluß, den das ältere Recht an den Gegensatz der res mancipi und nec mancipi knüpfte, offen vor: die Frau kann letztere ohne Zustimmung des Vormundes veräußern, für die Veräußerung jener bedarf sie nicht bloß der Zustimmung, sondern der Mitwirkung desselben bei dem Akt selber, d. i. der tutoris autoritas[46]). Warum? Nicht ihretwegen, um sie gegen eine leichtsinnige Veräußerung derselben zu schützen, sondern im Interesse ihrer erbberechtigten Verwandten, die Tutel soll ihnen einen Schutz für ihr Erbrecht gewähren[47]). Das war die ursprüngliche Bedeutung der Frauentutel, die allerdings durch die Änderungen, die mit derselben vor sich gingen, bis auf weniges beseitigt worden ist. Aber, kann man einwenden, warum die Beschränkung auf die res mancipi? was bedeutet dieselbe, wenn das Vermögen vorzugsweise in Kapitalien oder kostbaren Wertgegenständen besteht? Man muß sich die Zustände und die Anschauungsweise der ältesten Zeit vergegenwärtigen, und gerade die Frauentutel gewährt uns einen der Anhaltspunkte dafür. In der späteren Zeit hatte sich das ursprüngliche Wertverhältnis zwischen den res mancipi und nec mancipi gänzlich verschoben, es gab Kunstwerke und kostbare Tafelgeschirre, die ein ganzes Grundstück mit sämtlichen darauf befindlichen res mancipi aufwogen[48]) — jene konnte die Frau frei veräußern, zur Veräußerung eines Esels bedurfte sie der Zustimmung des Vormundes! Wenn man die Frauentutel jetzt erst einzuführen gehabt hätte, so hätte man sicherlich den angegebenen Gegensatz nicht zu Grunde gelegt. Daß man sie den veränderten Verhältnissen nicht anpaßte, hatte in der ihr abgeneigten Stimmung der Zeit ihren Grund, sie blieb, wie sie war — ein versteinertes Stück aus der Urzeit, das für die Gegenwart nicht mehr paßte.

Der Gedanke, der in der Frauentutel offen hervortritt:

---

46) Gaj. II, 80, Vat. fr. § 1, Ulp. Fr. XI, 27. Die Usucapion der ohne tutoris autoritas veräußerten res mancipi war durch das Zwölftafelgesetz ausdrücklich ausgeschlossen. Gaj. II, 47.

47) Gaj. I, 192 . . . ne . . . minus locuples ad eos hereditas perveniat. Konsequenz dieses Gesichtspunktes 191: cum tutore nullum ex tutela judicium mulieri datur.

48) Der Gesichtspunkt von Gajus I, 192: alienatis pretiosioribus rebus hat daher nur historischen Wert.

die Sorge für die Erhaltung der res mancipi in der Familie, giebt uns den Anhaltspunkt, um die Bedeutung des Ausdruckes pecunia bei der cura furiosi und den Zweck, den das Gesetz bei letzterer im Auge hatte, zu erkennen. Pecunia ist identisch mit res nec mancipi, woraus sich dann von selbst ergiebt, daß die res mancipi zur familia gehören, und der Gedanke, den das Gesetz bei beiden Arten von Vormundschaften im Auge hat, ist ganz derselbe: die familia soll der Verwandtschaft erhalten bleiben, der Unterhalt der bevormundeten Person muß aus der pecunia bestritten werden. Nur darin unterscheiden sich beide Arten der Vormundschaft, daß bei der cura prodigi die Veräußerung von Stücken der familia schlechthin unmöglich ist, da ihre Befugnis durch das Gesetz ausdrücklich auf die pecunia eingeschränkt ist, während sie bei der Frauentutel bedingt möglich ist, wenn nämlich die Vormünder sie genehmigen und durch ihr Vollwort (tutoris autoritas) bekräftigen, jene nehmen in Bezug auf das Vermögen des Wahnsinnigen dieselbe Stellung ein, wie die Frau in Bezug auf ihr eigenes: Macht über die pecunia, Machtlosigkeit in Bezug auf die familia.

Damit glaube ich zugleich den ursprünglichen Sinn des Gegensatzes zwischen tutela und cura festgestellt zu haben. Wo die Möglichkeit einer Veräußerung von res mancipi vorbehalten bleiben soll, ordnet das alte Recht eine tutela, wo sie ausgeschlossen werden soll, eine cura an, kurz der Gegensatz tutela und cura dreht sich um den von familia und pecunia.

Die weitere Ausführung kann erst erfolgen, nachdem wir die verschiedene Gestaltung des Eigentumsrechts, die sich an letzteren Unterschied anknüpfte, kennen gelernt haben.

Familia bezeichnet also in der ältesten Zeit die dem Hausherrn in völlig gleicher Weise, d. h. in Form der manus unterworfene Welt, sein Herrschaftsgebiet. In späterer Zeit gehen die Gewaltverhältnisse über die einzelnen Bestandteile auseinander, und infolge davon erhalten dieselben auch ihre besonderen Namen: die Gewalt über die Ehefrau manus, die über die Kinder patria potestas, die über die Sklaven dominica potestas, die über die Sachen dominium. Aber in ältester Zeit wurde die Gewalt über sie unter einen und denselben rechtlichen Gesichtspunkt, den der manus, gebracht. Auch zu jener Zeit gab es bereits rechtliche Verschiedenheiten unter den einzelnen Gewaltverhältnissen, was seiner Zeit angegeben werden soll, aber in den Augen des alten Römers schlossen sie die Zusammenfassung derselben unter den einen Gesichtspunkt der manus nicht aus. Die rechtliche Stellung des paterfamilias zu allen Bestandteilen der familia war ganz dieselbe, er hatte die gleiche Gewalt wie über die Sklaven und Sachen, so auch über Weib und Kind, wie im Innern der familia, so auch nach außen hin.

In der späteren Zeit hat der Ausdruck familia seine rechtliche Bedeutung gänzlich eingebüßt, das einzige Interesse, das sie den Juristen darbot, bestand in der Angabe der verschiedenen sprachlichen Bedeutungen des Worts[49]), wofür sie denselben Gegensatz von Sachen und Personen zu Grunde legen, den die ältere Zeit sprachlich bereits dadurch betonte, daß sie den freien Mitgliedern der Familie, der Mutter und den Kindern, den Zusatz familias hinzufügte (mater, - filius, - filia - familias), während derselbe bei den übrigen Bestandteilen der Familie: Sklaven, Knechten und Mägden, Sachen nicht gemacht wurde, — jene werden durch diesen Zusatz als Glieder der familia charakterisiert, diese sind bloße Stücke derselben.

Für beide Seiten der familia, die persönliche wie die sachliche, galt ursprünglich dasselbe Recht. Es läßt sich unter drei Gesichtspunkte bringen:

1. Die Rechtsstellung des Hausherrn im Innern der Familie — die manus.
2. Die Rechtsstellung nach außen: vindicatio, act. noxalis, act. de pauperie.
3. Der Erwerb der manus — die mancipatio.

---

49) l. 195 § 1, 4 de V. S. (50. 16).

b. Die Machtstellung des Hausherrn nach innen: Inhalt der manus.

Dieselbe ist eine unbeschränkte, die Verfassung des römischen Hauses ist die der absoluten Monarchie, im Innern desselben ist der Hausherr souveräner Herr und Gebieter, kein anderer Wille hat hier Macht als der seinige, auch nicht der des Volkes oder der Obrigkeit — das römische Haus ist eine kleine in sich abgeschlossene Welt, die ausschließlich dem Regiment des Hausherrn unterliegt, und in die niemand eingreifen darf, weder das Gesetz mit rechtlichen Beschränkungen über die Art, wie der Hausherr sein Regiment führen soll, noch der Arm der Obrigkeit, wenn er die Macht über die Seinigen in noch so schreiender Weise gemißbraucht hat, noch irgend ein anderer, auch nicht der Gläubiger, um ihn vor Gericht zu ziehen. Ihn mit Gewalt aus seinem Hause zu reißen, ist nicht rechtlich verboten, sondern es gilt als Frevel gegen die Religion, gegen das fas[50]) — denn das Haus wird nicht bloß von Menschen bewohnt, sondern auch von Göttern, den Penaten, der Herd ist der Hausaltar, an dem der Hausherr als Priester das Opfer vollzieht, und wie jedes Heiligtum ein Asyl, das heißt unverletzlich — der Hausher, welcher den Eindringling, der den Frieden des Hauses stört, totschlagen wollte, würde ganz in seinem Recht sein, niemand könnte ihm etwas anhaben. Der Gläubiger muß warten, bis er ihn auf der Straße trifft; verschanzt sich der Schuldner in seinem Hause, so hat der Gläubiger das Zusehen — es war dafür gesorgt, daß dies nicht zu lange dauern konnte! Wer ihm eine Meldung rechtlicher Art zu machen hat, muß dies vor der Thüre thun, so die Privatperson, welche ihn zur Ablegung eines Zeugnisses vor Gericht vorfordert[51]), und so soll auch die öffentliche Ladung zum Er-

50) Cic. pro domo c. 41, l. 18, 21 de in jus voc. (2. 4).

51) Satz der 12 Tafeln: cui testimonium defuerit, is tertiis diebus ob portum obvagulatum ito; Fest. Portum und Vagulatio.

scheinen im Strafverfahren durch Hornsignal vor seiner Thüre geschehen[52]).

Die Macht des Hausherrn über seine Familie, sagten wir, ist eine unbeschränkte, und zwar gleichmäßig über alle Bestandteile derselben. Wie in Bezug auf die Sklaven, so hat er auch in Bezug auf Weib und Kinder das Recht über Leben und Tod (jus necis ac vitae[53]). Aber der Sinn, in dem das Gesetz ihm dasselbe anvertraut hat, ist nicht der, daß er es willkürlich, sondern daß er es als Richter übe, das Gesetz hegt das Vertrauen zu ihm, daß er sich dieser Macht wie überhaupt der über die Seinigen in richtiger Weise bediene, als „judex domesticus“[54]), aber einer Kontrolle unterliegt sein Spruch ebensowenig wie der eines andern Richters. Ein Mittel, um sich gegen jede Bemängelung seines Spruches zu schützen, bietet ihm die Zuziehung der Verwandten: das Verwandtengericht, wie man es genannt hat, und die Sitte der späteren Zeit verlangte es, aber gesetzlich war es niemals vorgeschrieben. Ebenso darf er wie Sklaven und Sachen, so auch Weib und Kinder verkaufen. Alles, was sie verdienen oder erwerben, fällt ihm zu; er kann es ihnen faktisch lassen (peculium), aber rechtlich hat dies nicht die mindeste Wirkung. Alle Verträge, welche der Hausvater mit den Seinigen abschließt, was sie auch zum Inhalt haben mögen, sind rechtlich bedeutungslos, die principielle Unbeschränktheit der hausherrlichen Gewalt erschien dem Römer als eine so unerläßliche Bedingung derselben, daß der sonst allmächtige Wille des Hausherrn in

52) Varro de L. L. VI, 91: ad privati januam mittas, ubi canat. In cap. 92 ibid. ante privati ostium.

53) Die angebliche Einführung desselben durch Romulus (Dion. II, 26, 27, Papinian in Coll. IV, 8) ist der Ausdruck für uraltes Gewohnheitsrecht. In der Formel der Arrogation wird dasselbe ausdrücklich erwähnt. Gell. V, 19.

54) Domestici magistratus, Seneca de benef. III, 11, domesticum judicium Liv. II, 41.

dieser Beziehung rechtlich gänzlich machtlos ist — er kann alles in seinem Hause, nur nicht sich selbst beschränken. Ebensowenig wie seine Verträge mit den Seinigen, haben die der letzteren unter sich die mindeste rechtliche Wirkung. Hätte man beiden dieselbe zugestehen wollen, so hätte daraus eine Klage gegeben werden müssen, eine Klage aber unter den Hausgenossen widerspricht der Grundidee des römischen Hauses, dadurch würde der Richter Macht über dasselbe bekommen haben, sie enthielt für den alten Römer etwas ebenso widersinniges, wie wenn heutzutage ein Souverän gegen einen seiner Unterthanen oder letzterer gegen ihn bei einem andern Souverän Klage erheben wollte. Der Hausherr ist Souverän, darin liegt, daß alle Streitigkeiten zwischen ihm und den Seinigen und der letzteren unter sich ausschließlich seiner Entscheidung unterliegen, er hat, wie die Strafgewalt, so auch die Polizei und Civilgerichtsbarkeit, aus dem römischen Hause gelangt keine Klage an die Obrigkeit, weder im Sinne des Civilprozesses (actio), noch in dem des Hülferufs, für beide hat sie kein Ohr, darf sie es nicht haben. Dies gilt auch für den Hausherrn selber, wenn er nicht die Macht hat, die Gewalt über die Seinigen aufrecht zu erhalten oder seinen Willen durchzusetzen. Ein ordentlicher Römer muß sie haben, hat er sie nicht, so ist dies seine eigene Schuld, er hat die Kinder nicht richtig erzogen, sie nicht, als es noch Zeit war, an Zucht und Gehorsam gewöhnt. Der Grundsatz der rechtlichen Abgeschlossenheit des römischen Hauses steht dem Volk zu hoch, um ihn zu seinen Gunsten zu durchbrechen. Nur in einem Fall kommt das Recht ihm zu Hülfe: wenn das Kind seine Hand gegen ihn erhebt, dann wird dasselbe sacer, aber die Obrigkeit mischt sich auch hier nicht ein, jeder kann das ungeratene Kind totschlagen.

Ich habe bisher die Machtstellung des Hausherrn über seine familia geschildert. Ich bin dabei von der Ansicht ausgegangen, daß dieselbe im ältesten Recht in Bezug auf alle hausunterthänigen Personen ganz dieselbe gewesen sei. Mit den

Überlieferungen der Quellen stimmt diese Ansicht nicht gänzlich überein, letztere wissen von einzelnen Beschränkungen zu berichten, denen die hausherrliche Gewalt in Bezug auf die Frau und Kinder schon in alter Zeit unterworfen gewesen sei. Gleichwohl glaube ich die Behauptung aufrecht erhalten zu können, daß dieselben der hausherlichen Gewalt in ihrer ursprünglichen Anlage fremd gewesen, also späteren Ursprungs sind. Die ursprüngliche Anlage derselben bestand meiner Ansicht nach in zwei charakteristischen Zügen: Gleichmäßigkeit derselben in Bezug auf sämtliche Bestandteile der familia und Unbeschränktheit der Macht des Hausherrn. Die folgende Ausführung soll die Gründe für diese Ansicht darlegen, indem sie drei Worte der ältesten Rechtssprache, was gleichbedeutend ist mit Begriffen des ältesten Rechts, für ihre Zwecke verwendet, die gleichmäßig auf alle Bestandteile der familia Anwendung finden: manus, vindicatio, mancipium.

Die Gewalt, welche der Hausherr über die Familie hat, heißt manus. Die Hand ist das natürliche Symbol der Macht, und wie das altrömische, so entlehnt auch das altgermanische Recht der Hand die Bezeichnung derselben (mund). Im späteren Recht hat manus eine engere Bedeutung angenommen, der Ausdruck wird hier nur für die Gewalt des Mannes über die Frau gebraucht. Im älteren Recht ist manus der technische Ausdruck für die Macht des Hausherrn schlechthin, er erstreckt sich auf sämtliche Bestandteile der Familie. Dies ergiebt sich aus den Kompositis, welche sich in der späteren Rechtssprache erhalten haben. Die Entlassung der Kinder aus der Gewalt heißt e-man-cipatio — die Gewalt selber muß folglich manus geheißen haben. Die Freilassung der Sklaven heißt manu-missio, derselbe Schluß. Das Verhältnis, in dem Knechte und Mägde, die von ihrem Vater verkauft worden sind, zu ihrem Dienstherrn stehen, heißt man-cipium, gewisse Sachen — wir werden später ihre Beziehung zur manus kennen lernen — res man-cipi. Überall also: bei Weib, Kind, Knecht,

Magd, bei Sklaven und Sachen derselbe Ausdruck: manus.

Hätte die rechtliche Gewalt des Hausherrn über sie schon in ältester Zeit die Verschiedenheiten aufzuweisen gehabt, wie im späteren Recht, so hätte schon damals eintreten müssen, was später geschah: Bezeichnung derselben mit verschiedenen Namen, denn der Name ist im alten Recht ein untrügliches Kennzeichen des Rechtsbegriffs — derselbe Name derselbe Rechtsbegriff, verschiedener Name verschiedener Rechtsbegriff. Wer an diesen Satz bisher nicht geglaubt hat, wird sich durch meine Ausführungen über das ältere Recht diese Überzeugung aneignen können.

c. Rechtsstellung des Hausherrn nach außen, die aktive: das Recht der Selbsthülfe: vindicatio und manus injectio; — die passive: act. noxalis, actio de pauperie.

Manus zeichnet uns die Rechtsstellung des Hausherrn im Innern des Hauses, die Namen der eben genannten Klagen die nach außen hin. Im Innern des Hauses giebt es keinen Rechtsstreit, die Rechtsstellung des Hausherrn nach außen hin dagegen wird erst durch und in dem Rechtsstreit sichtbar, sie fällt zusammen mit den Klagen, die ihm, und die gegen ihn gegeben werden. Nach Maßgabe des letzteren Gegensatzes unterscheiden wir die aktive Rechtsstellung des Hausherrn und die passive, erstere hat die Behauptung seines Rechts der Außenwelt gegenüber zum Gegenstande, letztere seine Haftung ihr gegenüber.

Die aktive Rechtsstellung des Hausherrn nach außen hin. Sie erschöpft sich in einer einzigen Klage: der vindicatio. Dieselbe hat zur Voraussetzung, daß Stücke von der familia in fremde Hände gekommen sind, sie hat zum Zwecke, dieselben wieder in das Haus zurückzubringen — es ist der Rechtsschutz der familia nach außen hin, bestimmt, sie in ihrer Integrität zu erhalten.

Wenn ich die ganze Rechtsstellung des Hausherrn in Bezug auf seine familia in eine Klage aufgehen lasse, während doch der Rechtsschutz, den er genießt, ein ungleich weiterer ist, so rechtfertigt sich dies dadurch, daß nur bei ihr die Rechtsstellung als solche den Gegenstand des Streites und der richterlichen Entscheidung bildet, bei allen andern Klagen kommt dieselbe nur als Voraussetzung in Betracht. Auch bei den Klagen, welche der Hausvater aus den Verträgen seiner Hauskinder oder wegen Mißhandlung derselben anstellt, muß er seine Beziehung zu ihnen, wenn sie ihm bestritten wird, beweisen, aber juristisch steht die Sache ganz so, als ob der Grund dieser Klagen in seiner eigenen Person eingetreten wäre; was ihnen versprochen ist, ist ihm versprochen, was ihnen geschehen ist, ist ihm geschehen. Die Vermittlung des Anspruchs durch die hausunterthänige Person wird hier prozessualisch gar nicht sichtbar. Es ist derselbe Gegensatz wie zwischen der hereditatis petitio und allen sonstigen Klagen des Erben, bei denen er der Vermittlung durch die Person des Erblassers gar nicht gedenkt, sondern den Anspruch aus eigener Person geltend macht[55]), während bei der ersteren seine Beziehung zum Erblasser d. i. sein Erbrecht, da es ihm von der andern Seite bestritten wird, den Streitpunkt bildet. Wie es bei ihr sich um die Rechtsstellung des Klägers zur gesamten familia (= Nachlaß) handelt, so bei der vindicatio um die zu einem einzelnen Stück derselben.

Die vindicatio ist der Streit um die manus im Sinn des alten Rechts, sie hat das juristische Dasein derselben zur Voraussetzung und die faktische Wiedererlangung derselben zum Zweck, sie ist die manus nach außen hin, die prozessualische Reaktion der manus gegen eine Störung des ihr entsprechenden faktischen Verhältnisses.

---

55) Er stellt also die Vindikation auf suum esse, die persönliche Klage auf sibi dare oportere Gaj. IV, 34. Ebenso der Vater, wenn ein Haussohn ihm etwas erworben hat oder injuriiert worden ist.

In dieser Richtung bethätigt die manus ganz denselben Charakterzug unbeugsamer Konsequenz und schonungsloser Härte, man möchte sagen des Herrischen und Tyrannischen, der sie nach innen hin kennzeichnet, in beiden Richtungen giebt es keinen Widerstand, vor dem sie Halt macht, dem Recht des Hausherrn muß jeder, im Innern des Hauses wie außerhalb desselben, unbedingt sich fügen. Damit habe ich das Wesen der vindicatio des ältesten Rechts wiedergegeben. Ich sage des ältesten Rechts, denn für die des neueren Rechts paßt das Gesagte ebenso wenig, wie die obige Schilderung der hausherrlichen Gewalt für die neuere Zeit, mit beiden sind später ganz erhebliche Veränderungen vorgegangen. Im neueren Recht darf der Beklagte der reivindicatio Einreden entgegensetzen, welche die Verwirklichung des von ihm zugestandenen klägerischen Eigentums sei es gänzlich ausschließen, sei es modifizieren (z. B. exceptio rei venditae et traditae, rei ususfructus, pignoris nomine traditae, exc. doli wegen der Impensen auf die Sache, unter Umständen selbst auf Erstattung des gezahlten Kaufpreises) — die reivindicatio, obschon an sich zuständig, versagt hier ihren Erfolg. Im älteren Recht war von alle dem keine Rede, der reivindicatio kann sich, wenn und so lange das Eigentum existiert, nichts in den Weg stellen; sie endet nur mit dem Untergang des Eigentums (usucapio). Im neueren Recht ist von der alten Vindikation geblieben nur das Moment der in rem actio d. h. der an sich begründeten prozessualischen Zuständigkeit der Klage gegen jeden dritten Besitz oder, wie man es auszudrücken pflegt, der Charakterzug des Absoluten (in rem) im Gegensatz zu dem des Relativen (in personam) der persönlichen Klage. Wie wenig dieser Charakterzug des Absoluten zu bedeuten hat, ergiebt sich aus dem bisherigen. Auch die actio Publiciana ist eine in rem actio und doch ihrer ganzen Anlage nach völlig relativ, auch sie geht *an sich* gegen jeden Dritten, aber sie bricht sich an dem gleichen oder besseren Recht des Beklagten.

Nicht darin also besteht das Charakteristische der alten Vindikation, daß sie eine in rem actio ist, sondern in der Art, wie sie es ist. Sie verdient in Wirklichkeit das Prädikat der absoluten, denn sie kennt gar keine Schranke, keinen Widerstand, der sie in ihrem Laufe aufhalten könnte[56]). Ob der Beklagte in gutem oder schlechtem Glauben die Sache erworben, ob er Geld für sie bezahlt, Auslagen auf sie gemacht hat, ist völlig gleichgültig, er muß sie herausgeben.

Der in der Schule des römischen Rechts erzogene Jurist ist gewohnt, darin nichts besonderes, sondern nur eine selbstverständliche Konsequenz des Eigentumsbegriffes zu erblicken. Als ob sich dann nicht dieselbe Gestalt der Sache überall wiederholen müßte! Den Eigentumsbegriff kennen alle Völker, selbst die wilden, aber die Vindikation nur die Römer. Und das betont ausdrücklich der Zusatz „ex jure Quiritium“ zu dem „suum esse“ der Klagformel. Dieser Zusatz hat nicht den Sinn, für die rei vindicatio einfach das geltende Recht in Bezug zu nehmen; hätte man eine solche Bezugnahme auf das geltende Recht in der Klagformel für nötig gehalten, so hätte man ihn auch bei der persönlichen Klage machen müssen. Aber die Formel der condictio des älteren Rechts lautete nicht: dare oportere ex jure Quiritium, sondern einfach: dare oportere. Der Zusatz muß also einen besonderen Sinn haben, und er hat ihn. Das suum esse ex jure Quiritium enthält die Verweisung auf ein anderes, einfaches suum esse, es hebt jenes von diesem als eine Besonderheit hervor. Haben die Römer dabei etwa an den Gegensatz des Eigentumsrechts anderer Völker zu dem ihrigen gedacht? Enthält der Zusatz eine Verweisung auf das Ausland? Dann hätten die Römer

56) Der Einwand, den man gegen diese Behauptung aus dem Verbot der Vindikation des tignum junctum entnehmen könnte, wird sich durch den später zu erbringenden Beweis, daß die Vindikation bei res nec mancipi im ältesten Recht gar nicht Platz griff, erledigen.

diese Verweisung oft vornehmen müssen! Der Gegensatz findet sich vielmehr innerhalb des römischen Rechts selber —, es ist das Eigentumsrecht an den res nec mancipi, für welche die Vindikation nicht Platz griff: die Vindikation erstreckt sich nur soweit wie die manus. Die res nec mancipi waren keine Gegenstände der manus, darum auch nicht der mancipatio, darum auch nicht der vindicatio, sie gehörten gar nicht zur familia im technischen Sinne, sondern zur pecunia.

Vindicatio und manus decken sich, wo keine manus da auch keine vindicatio, wo manus da auch vindicatio; letztere ist nichts als die manus nach außen gekehrt. Darum muß die Hand, wie beim Erwerbe der manus durch mancipatio (siehe unten), so auch bei ihrer gerichtlichen Geltendmachung in Thätigkeit treten, die Hand im natürlichen Sinne muß die Hand im juristischen Sinne symbolisieren. In jenem Fall, wo der Akt mit Zustimmung der Gegenpartei erfolgt, genügt die Hand für sich allein — es ist die friedliche Hand; hier, wo es gilt, den Widerstand, den der Gegner entgegensetzt, zu brechen, muß sie bewaffnet sein — es ist die feindliche Hand. Das Ritual des Vindikationsprozesses verlangt, daß der Vindikant den Speer (die vindicta) zur Hand nehme, um kund zu thun, daß er sein Recht behaupten wolle, wie es dem Quiriten geziemt und ebenso sein Gegner. Beide werden „handgemein" (manum conserere, manus consertae) — die beiderseitige Aneignung der manus kann nicht deutlicher ausgedrückt werden. Es ist also die Eigenmacht (vis), die hier für das Recht in die Schranken tritt, nach diesem Scheinkampf hieß der Akt selber vindicatio und danach die ganze Klage. Es ruht dem der Gedanke zu Grunde: die Eigenmacht (vis) ist das natürliche und rechtlich statthafte Mittel, wodurch der Quirit seine manus über die familia wie im Innern, so auch nach außen hin geltend macht.

Die Behauptung, daß die vindicatio im alten Recht ebensoweit reichte wie die manus, ist bisher nicht erwiesen.

Der Beweis wird erbracht durch das Zeugnis von Ulpian in l. 1 § 2 de R. V. (6. 1), welcher die — seinerzeit allerdings nicht mehr übliche — Anstellung der Vindikation auf Hauskinder (die nur in diesem Falle nicht den Namen der rei vindicatio führte) ausdrücklich für zulässig erklärt. Daß in der alten Zeit ganz dasselbe auch für die Hausfrau in der manus gegolten haben muß, ergiebt sich daraus von selbst. Die Anwendbarkeit der vindicatio auf die in der causa mancipii befindlichen Knechte und Mägde steht außer Frage. Als Anwendungsgebiet der vindicatio in ältester Zeit ergiebt sich danach die unter der manus des Hausherrn befindliche familia in dem oben begründeten engeren Sinne des Worts: Weib, Kinder, Knechte, Mägde, Sklaven und die übrigen res mancipi.

Wir fügen noch einen Anwendungsfall der vindicatio hinzu, der problematischer Art ist und von unserer heutigen Vorstellung derselben so weit abliegt, daß man meines Wissens noch nie auf den Gedanken gekommen ist, ihn mit ihr in Verbindung zu bringen: es ist der Fall der Eigenmacht des Gläubigers gegen den zahlungsunfähigen Schuldner. Wenn letzterer am Verfalltage die Wechselschuld, wie man das nexum der älteren Zeit nennen darf, nicht entrichtet, so darf der Gläubiger Hand an ihn legen („manum injicere") und ihn mit Gewalt in sein Haus schleppen; bestreitet er die Schuld, so muß für ihn ein vindex (der ihn in jure vindicit), in späterer Zeit darf er selber „manum sibi depellere", in beiden Fällen trug die legis actio, die sich daran reihte, den Namen der „manus injectio".

Ist diese manus und dieses vindicere die manus und das vindicare in unserem obigen Sinne? Angesichts der Korrektheit, welche das ältere Recht im Gebrauch seiner technischen Ausdrücke beobachtet, kann ich mich nicht entschließen, das Gegenteil anzunehmen, und ich lasse mich auch durch das Bedenken, daß es in diesem Falle auf die Verwirklichung einer persönlichen Forderung abgesehen ist, nicht abhalten. Allerdings will der Gläubiger sein Geld, aber der Schuldner hat es nicht, und damit schlägt — um in der Sprache des Juristen zu reden — sein obligatorischer Anspruch in einen dinglichen um, er erhält ein Recht an den Körper des Schuldners. Der Umstand, daß letzterer zunächst frei und römischer Bürger bleibt, steht demselben nicht entgegen (ganz dasselbe trifft auch für den in causa mancipii befindlichen Knecht zu), und die manus bethätigt sich bei ihm in noch ungleich höherem Grade darin, daß er, wenn die Zahlung ausbleibt, verkauft werden darf. Der Mann gehört fortan dem Gläubiger, er wird von diesem in sein Haus geschleppt, er darf nicht selber den Prozeß mit ihm aufnehmen, so wenig wie dies irgend eine andere hausunterthänige Person vermag, sondern es muß — ganz so wie für letztere, wenn sie ihre Hausunterthänigkeit bestreitet — eine andere Person, der vindex, für ihn auftreten, der seine Unabhängigkeit behauptet. Materiell dreht sich der Prozeß um die Forderung, formell um die manus, nach der er auch seinen Namen trägt; es ist der Streit um die Rechtsstellung des Schuldners, ob er der manus des Gläubigers verfallen ist, nicht über die Schuld, letztere kommt nur mittelbar in Betracht.

Die passive Rechtsstellung des Hausherrn nach außen hin. Dem Recht des Hausherrn an der familia entspricht seine Haftung für die familia. Dieselbe ist beschränkt auf den Fall der durch irgend ein Glied (mater-, filius-, filia-familias) oder Stück der familia (Sklaven, Knechte, Mägde, Tiere) angerichteten Beschädigung (noxia). Durch Verträge der hausunterthänigen Personen kann der Hausherr nicht verpflichtet werden, dieselben haben ja nichts, und sie würden, wenn die Verträge gültig wären, dadurch über sein Vermögen verfügen. Die Modifikationen dieses Satzes gehören erst der späteren Zeit, dem prätorischen Rechte an.

In Bezug auf die Beschädigung unterscheidet das alte

Recht, ob sie durch Menschen oder Tiere[57]) angestiftet ist, im ersteren Falle greift die actio noxalis, im letzteren die actio de pauperie Platz. Beide Klagen stellen dem Hausherrn die Wahl, ob er den Schaden ersetzen (noxiam sarcire) oder den Urheber als Schadloshaltung abtreten will (noxae dedere).

Warum hier zwei Klagen, da beide auf ganz dasselbe gerichtet sind? Etwa weil man es für anstößig hielt, den Menschen auf eine Linie mit dem Tier zu stellen? Der Grund der Unterscheidung beider Klagen liegt in dem verschiedenen Maß der Haftung, die sie dem Hausherrn auferlegten; bei der einen ist dieselbe eine unbeschränkte, bei der andern eine beschränkte, und dies hängt zusammen mit der richtigen Erkenntnis des Unterschiedes, welcher in Bezug auf die Zurechnung zwischen Mensch und Tier obwaltet. Den Menschen kann man für die Beschädigung, die er anstiftet, stets verantwortlich machen, ob frei oder Sklave, Hausvater oder Haussohn kann dafür keinen Unterschied begründen. Der juristische Ausdruck für eine derartige Handlung ist Delikt (delictum, von delinquere = vom Wege abgehen, unser deutsches „Ver-gehen", Über-tretung). Es schließt zwei Momente in sich: in der Person des Thäters das der Verschuldung, in der des Verletzten die Rechtsverletzung. Nur der Mensch kann ein Delikt begehen, nicht das Tier. So wenig wie der durch Hagelschlag angerichtete Schaden unter den Gesichtspunkt der Verschuldung und Rechtsverletzung gebracht werden kann, ebensowenig der durch das Tier — der Eigentümer ist dadurch ärmer geworden, damit ist alles gesagt. In diesem Sinne bezeichnet die alte Rechtssprache den durch ein Tier angestifteten Schaden als pauperies — einer ihrer glücklichsten Griffe, das eine Wort zeichnet den ganzen Unterschied zwischen Menschen

---

57) Beschränkung auf Vierfüßler („quadrupes"), später auf alle Haustiere ausgedehnt; wilde Tiere fanden sich im Hause des alten Römers nicht.

und Tier, psychologisch wie juristisch, in psychologischer Beziehung ein höchst wertvoller Beleg für die juristische Frühreife der Römer, welche dadurch bekundet haben, daß sie die Begriffe der Zurechnung und der Rechtsverletzung schon von altersher in richtiger Weise erfaßt und angewandt haben.

Die praktische Wirkung, welche sich an diesen Unterschied knüpft, besteht darin, daß der Hausherr für die Delikte schlechthin haftet, für die pauperies dagegen nur beschränkt, nämlich nur unter der Voraussetzung, daß das Tier einen Schaden angestiftet hat, dessen man sich bei ihm nach der Gattung, zu der es gehört, nicht versehen kann (contra naturam sui generis); wer in anderer Weise beschädigt wird, hat sich selber die Schuld zuzuschreiben, er hätte sich vorsehen sollen.

Die Verpflichtung, welche die beiden Klagen dem Hausherrn auferlegen, ist eine eventuell alternative: entweder den Schaden zu ersetzen oder den Schuldigen abzutreten. Die intentio der Klagen geht nur auf ersteres und darauf lautet auch die Verurteilung[58]), die noxae deditio ist ein vom Gesetz vorbehaltenes Recht, über dessen Ausübung er sich erst schlüssig zu werden braucht, wenn er weiß, wie hoch der Richter die Schadensersatzsumme bemessen hat, erst dann ist er in der Lage, seine Wahl zu treffen — die noxae deditio fällt juristisch unter den Gesichtspunkt eines eigentümlichen modus der Erfüllung des Urteils, der älteste Fall der gesetzlich verstatteten datio in solutum[59]).

Was ist der Grund der Verpflichtung? Man könnte ihn erblicken in der eigenen Verschuldung des Hausherrn, der es an der nötigen Erziehung, Zucht, Aufsicht hat fehlen lassen; aus diesem Grunde straft das chinesische Recht die Verbrechen der

58) l. 1 pr. de nox. act. (9. 4) si . . damnati fuerimus. Das „evitare litis aestimationem" der Stelle ist auf Abwehr der Zahlung der litis aestimatio zu beziehen.

59) Gaj. I, 140: hunc actor pro pecunia habet.

Kinder an den Eltern; und der Kaiser selber thut Buße, wenn es im himmlischen Reich nicht geht, wie es soll. Der Gesichtspunkt der Schuld, so sehr er auch in vielen Fällen zutreffen mag, wird dadurch ausgeschlossen, daß die beiden Klagen auch gegen den Singularsuccessor gehen, den doch für die Vergangenheit keine Schuld trifft; würde der Hausherr wegen seiner Schuld haften, so müßte der Anspruch im Fall der Veräußerung an ihm haften bleiben, aber er wandert mit dem Gegenstande („noxa caput sequitur") — Verpflichtungsgrund der Klage ist nicht die Schuld, sondern die Macht. Es ist ein ganz allgemeiner Gedanke, eine der Grundanschauungen der ältesten Zeit, daß derjenige, welcher die Macht über jemanden hat, für das von demselben verübte Unrecht aufkommen muß; es ist der einzige Weg, wie der dadurch Verletzte Genugthuung erhalten kann, die Macht des Machthabers schließt die direkte Verfolgung gegen den Schuldigen aus, darum bedarf es des indirekten Weges. Wenn das Mitglied des einen Volks dem eines andern eine Rechtsverletzung zugefügt hat oder die eingegangenen Verbindlichkeiten nicht erfüllen will, so hält man sich an das Volk, welches die Macht über den Schuldigen hat. Die Haftung desselben ist ganz dieselbe wie bei der Noxalklage: entweder Beschaffung der Genugthuung oder noxae datio des Schuldigen; weigert es sich, so versetzt es sich in Mitschuld, und der Fall begründet einen casus belli. Hat jemand durch seine Missethat sich gegen die Götter vergangen, so haftet das Volk, welches die Strafgewalt über ihn besitzt, ihnen für dessen Bestrafung; sonst macht es sich der Mitschuld schuldig und zieht den Zorn und die Strafe der Götter auf sich herab[60]. Ebenso haftet der Vater, welcher die Strafgewalt über den

60) Spuren dieser Anschauung in der Wendung: ut populus religione solvatur (Cic. pro Caecina c. 34), religionis solvendae gratia (Liv. 7, 3) und das Sühnopfer, welches das Volk bei der Begnadigung des Horatius brachte.

Sohn hat, dem Volk für die Bestrafung desselben im Fall eines Verbrechens; weigert er sich derselben, wie im Fall des Horatius, so nimmt das Volk selber die Sache in die Hand. Kurz, wer die Macht hat, hat auch die Pflicht. Aber eben weil die Macht sie begründet, hört sie auch mit ihr auf; wer die Macht aufgiebt, wird ihrer ledig. Darauf beruht die noxae deditio. Wenn die römischen Juristen die Befugnis auf den Gesichtspunkt zurückführen (Gaj. IV 75): es sei unbillig, daß der Vater oder Herr auf mehr haften solle als auf den Gegenstand (ultra ipsorum corpora), so geben sie damit nach dem bisherigen weniger den juristischen Grund der noxae deditio, als die aus ihr sich ergebende ökonomische Folge an. Die Abtretung des noxium caput ist nach altem Recht bei allen Gegenständen eine dauernde, nicht bloß eine vorübergehende d. h. bis der Schaden durch die Dienste abgetragen ist, erst das neuere Recht hat letzteres für die Hauskinder eingeführt[61]).

d. Erwerb und Verlust der manus.

Wollte ich mich bei der vorliegenden Aufgabe bloß auf die Reproduktion desjenigen, was die Quellen uns bieten, beschränken, so könnte ich damit leicht fertig werden. An der Hand derselben müßte ich die verschiedenen Gewaltverhältnisse, in welche sich später die manus gespalten hat, zu Grunde legen und für jedes die Frage beantworten, wie es entsteht und untergeht. So macht es die gangbare Methode der Rechtsgeschichtsschreibung. Sie lehrt uns: bei der Ehe entsteht die manus durch confarreatio, coëmtio, usus, sie hört auf durch dif-

---

61) Paul. S. R. II, 2, 3: manumittere cogendus a Praetore, der Abtretende hatte also keine Klage, was zum Überfluß noch ausdrücklich bemerkt wird: fiduciae judicio non tenetur. Das Verhältnis war also ganz dasselbe wie bei der pfandrechtlichen fiducia, bei der ebenfalls die ganze Sache für die Schuld verfiel, bis auch hier das neuere Recht einen Anspruch auf Abrechnung gewährte.

farreatio und remancipatio, die väterliche Gewalt entsteht durch Geburt in römischer Ehe und durch Adoption in weiterem Sinn, sie hört auf vorübergehend durch Verkauf oder noxae datio, dauernd durch Emancipation und in adoptionem datio, das mancipium entsteht durch mancipatio, das Eigentum an res mancipi durch mancipatio und in jure cessio.

Damit ist das Recht der späteren Zeit wiedergegeben. Aber das Recht der späteren Zeit ist nicht das der Urzeit, die in jure cessio war derselben fremd, und damit auch die Verwendung derselben zum Zweck der Emancipation und in adoptionem datio — der Gedanke, die väterliche Gewalt aufzuheben, wäre einem alten Römer als unfaßbar erschienen; sie ist unzerstörbar. Ebensowenig würde er ein eheliches Verhältnis ohne manus verstanden haben, über alles, was sich in seinem Hause befindet, verlangt er unbeschränkte Gewalt — die Eingehung einer Ehe, bei der die manus nachträglich durch usus entsteht, kann erst aus späterer Zeit datieren. Ganz dasselbe gilt auch von der Form der mancipatio; wie man auch über die Fünfzahl der Zeugen bei derselben denken möge (s. u.), der libripens stammt erst aus der Zeit, als das Metall allgemeines Zahlmittel geworden war.

Kurz, in dem Recht der neuern Zeit, wie es uns die römischen Juristen schildern, steckt altes und neues nebeneinander, und es ist Aufgabe der historischen Kritik, beides von einander zu scheiden. Aber mit dieser Kritik allein ist die Arbeit nicht beschafft, sie liefert uns nur das Material, das wir zu verwenden haben, die Verwendung desselben aber besteht darin, daß wir den Sinn desselben zu ermitteln versuchen. Es wird sich zeigen, daß dies in überraschender Weise möglich ist.

Es ist uns im bisherigen gelungen, den Inhalt der hausherrlichen Gewalt auf drei einfache Gedanken zurückzuführen: unbeschränkte Gewalt im Innern (die manus) — unbeschränkte Gewalt nach außen (Selbsthülfe und vindicatio) — Haftung für die familia nach außen (act. de pauperie und noxalis). Der vierte Grundgedanke in der Verfassung des römischen Hauses ist: Publicität aller die familia im ganzen oder im einzelnen betreffenden Rechtsakte, d. i. die Vornahme derselben vor Zeugen. Kein Glied oder Stück der familia soll in das römische Haus hinein oder aus demselben herauskommen, ohne daß die Welt Kunde davon erhält — Eingang und Ausgang müssen, wenn sie rechtliche Wirkung haben sollen, stets durch Zeugen bekundet werden können. Aber nur für die familia gilt der Grundsatz, nicht für die pecunia (s. oben S. 90), und auch nur für Eingang und Ausgang, die Ergänzung und Fortpflanzung der familia durch Geburt (Hauskinder, Sklaven, Junge von Tieren) spielt im Innern des römischen Hauses, in das wie niemand, so auch der Zeuge keinen Zutritt hat — er steht vor der Thür, ins Haus kommt er nicht hinein. Entsteht Streit über einen solchen Zuwachs der familia, so ruft der Hausherr die Nachbarn, welche sein Hauswesen kennen, seine Kinder und die seiner Sklavinnen haben aufwachsen sehen und das Vieh im Freien gesehen haben. Der Grundsatz der Zuziehung von Zeugen gilt daher nur für Rechtsakte. Unter diesen Gesichtspunkt fallen aber nicht bloß die Rechtsgeschäfte im eigentlichen Sinn, deren wir gleich gedenken werden, sondern auch die Aussetzung des mißgestalteten Kindes — es ist ein Rechtsakt, ganz so wie die Dereliktion, weil der Vater dadurch ein Recht: die väterliche Gewalt über das Kind aufgiebt.

Nicht bei allen Rechtsakten nehmen die Zeugen dieselbe Stellung ein, wir müssen vielmehr zwei Klassen unterscheiden: solche, bei denen sie lediglich den Akt beglaubigen sollen (passive Assistenz), und solche, bei denen sie ihn zu genehmigen haben (aktive Assistenz). Zu der letzteren Klasse gehören zunächst die Akte, welche vor der Volksversammlung vorzunehmen sind: die Arrogation und das Testament. Für die Arrogation wird dies ausdrücklich bezeugt, das Volk konnte sie verwerfen oder genehmigen, für das Testament hoffe ich es an anderer Stelle darthun zu können. In beiden Fällen handelt es sich um Übertragung der gesamten familia — nur ein paterfamilias und nur ein mündiger konnte arrogiert werden und ein Testament errichten, bei einem Frauenzimmer war beides ausgeschlossen, nicht etwa aus dem rein äußerlichen der Form entnommenen Grunde, weil dasselbe nicht in der Volksversammlung erscheinen konnte, sondern aus dem inneren dem Zweck des Akts entnommenen Grunde, weil ein Frauenzimmer den Namen und das Geschlecht nicht fortpflanzen kann, worauf es bei der Arrogation allein abgesehen war, und weil das Vermögen der Frau dem Geschlecht nicht entzogen werden soll (s. oben S. 89). Den Grund, warum beide Akte an die Volksversammlung gewiesen waren, erblicke ich nicht in dem rein formalen Gesichtspunkt, daß es sich bei ihnen um die gesamte familia, nicht um einzelne Stücke derselben handelte, er giebt nur die Verschiedenheit beider Fälle an, aber nicht den Grund der Verschiedenheit ihrer rechtlichen Behandlung. Letzterer lag vielmehr in den mannigfachen Interessen, welche durch sie getroffen wurden, und welche in der Volksversammlung Gelegenheit erhalten sollten, zu Wort zu kommen: das Interesse der Kirche in Bezug auf die sacra — darum bei beiden die Zuziehung der Pontifices — das der Agnaten und der Gens in Bezug auf ihr gesetzliches Erbrecht, und bei der Arrogation das der Gläubiger. In der Volksversammlung fand jeder Gelegenheit, sein Interesse geltend zu machen, Protest gegen den Akt zu erheben, und bevor nicht die Sache in befriedigender Weise geregelt war, gab weder das Pontifikalkollegium noch das Volk seine Zustimmung.

Ganz dieselbe Stellung hatten, wie oben S. 65 bereits ausgeführt, auch die zehn Zeugen und der Pontifex maximus bei der Confarreation.

Die hier ausgesprochene Ansicht findet eine Unterstützung in den Bestimmungen des älteren Rechts über die Aussetzung von Kindern; Töchter, mit Ausnahme der erstgeborenen, mag der Hausherr ganz nach Belieben aussetzen, aber die Söhne soll er aufziehen, das Gemeinwesen bedarf ihrer. Nur wenn dieselben Krüppel oder Schwächlinge sind, mag er sie aussetzen, an ihnen verliert das Gemeinwesen nichts, aber dann muß er Zeugen zuziehen, welche darüber zu befinden haben, hier also zweifellos die Funktion ausüben, die ich den Zeugen bei der confarreatio vindiziere. Aber hier beträgt ihre Zahl nicht zehn, sondern fünf. Warum? Die Bestimmung galt nicht bloß für die Patricier, sondern auch für die Plebejer: die Zehnzahl weist auf erstere, die Fünfzahl auf das ganze Volk hin; erstere gehört der Gentilverfassung, letztere der Centuriatverfassung an (siehe S. 121). Wenn dieselbe bereits der Urzeit d. h. dem patricischen Geschlechterstaat angehört, wie aus dem Bericht von Dionysius (II 15) zu schließen ist, der sie dem Romulus zuweist, was gleichbedeutend ist mit uraltem Gewohnheitsrecht, so muß damals die Zahl der Zeugen eine andere, entweder zehn oder drei gewesen sein, und die Verminderung oder Erhöhung auf fünf ist dann der Censusverfassung zuzuweisen, welche die Fünfzahl zur gemeinsamen Grundzahl für Patricier wie Plebejer erhob, und die Bestimmung des patricischen Rechts über die Auferziehung des männlichen Nachwuchses ganz im Sinn ihres auf die Organisation der Wehrkraft des Volks gerichteten Grundgedankens auf die Plebejer ausdehnte. Die Zwölf Tafeln schärften sie von neuem ein, und zwar nach Cicero (de leg. III 8), indem sie dieselbe auf den Fall der Mißgeburt (insignis ad deformitatem puer) beschränkten.

Wir wenden uns den Zeugen mit bloß *passiver Assistenz* zu, es sind die des Libralgeschäftes (gestum per aes et libram): die fünf Zeugen und der libripens. In späterer Zeit, wo das geprägte Geld das Zuwägen des ungemünzten Geldes verdrängt hatte, war der libripens nichts als ein bloßer Figurant, den man nur in bekannter konservativ römischer Weise beibehielt, nachdem er seine ursprüngliche Bedeutung eingebüßt hatte. Aber in alter Zeit hatte derselbe sicherlich eine aktive Funktion, er hatte dafür aufzukommen, daß die Sache ihre Richtigkeit hatte und bei einem etwaigen Streit der Parteien zu entscheiden. Wahrscheinlich war er eine öffentliche Person, der vom Ärar Wagschale und Gewicht geliefert wurde — ein öffentlicher Messer, wie er auch noch heutzutage im Marktverkehr vielfach vorkommt.

Der libripens kann erst in einer Zeit aufgekommen sein, als das Metall allgemeines Zahlmittel geworden war, ihr ist in der Urzeit, wie bei allen Völkern so auch bei den Römern oder ihren Vorfahren, die Periode des Tauschverkehrs vorausgegangen. Die moderne Gestalt der mancipatio: die Zuziehung des libripens und die Hinweisung in der Formel auf Geldzahlung (eaque res mihi emta est hoc aere aeneaque libra) kann also nicht die ursprüngliche gewesen sein. Andererseits aber kann der Begriff manus nicht erst aus dieser späteren Zeit datieren, und es muß daher auch für alle sie betreffenden Akte, für die das älteste Recht nicht eine besondere Form erforderte, bereits damals eine bestimmt ausgeprägte Geschäftsform gegeben haben, denn für alle wichtigen Akte verlangte das alte Recht wie die Rechte aller Völker auf entsprechender Stufe eine solenne d. i. bestimmte Form. Wir wollen versuchen, die ursprüngliche Gestalt derselben zu rekonstruieren.

Der Name derselben ist mancipium d. i. Erwerb der manus (manu-capere). Er begegnet uns zuerst in den Zwölf Tafeln (Cum nexum faciet mancipiumque)[62]) und erhält sich in diesem Sinne noch bis in das letzte Jahrhundert der Republik; Plautus, Varro, Cicero kennen keinen andern. Der Ausdruck mancipatio ist modern, er gehört erst der Jurisprudenz der Kaiserzeit an, und sein Aufkommen hängt wahrscheinlich mit der Absicht zusammen, der Zweideutigkeit des Ausdrucks mancipium, welcher auch das Verhältnis der Knechte

---

62) Ulpian Vat. fr. § 50 substituiert dafür mancipatio.

und Mägde bezeichnete (causa mancipii), ein Ende zu machen und einen ausschließlichen Kunstausdruck für den Akt zu gewinnen.

Alle Akte des ältern Rechts erfordern eine mündliche Kundgebung des Willens von seiten dessen, der erwerben will, und zwar mittelst einer stehenden Formel. Die Formel des alten mancipium lautete entsprechend der der vindicatio, wodurch die manus demnächst geltend gemacht wird: hanc ego rem ex jure Quiritium meam esse ajo, es ist der erste Teil der uns von den Juristen berichteten Mancipationsformel[63]), zu dem dann erst später der oben angegebene Teil hinzukam.

Alle Akte des ältern römischen Rechts, wodurch eine Herrschaft über einen Gegenstand begründet werden soll, erfordern ferner das Ergreifen desselben, so will es die sinnliche Anschauungsweise der Kindheitszeit der Völker, welche den Akt sehen muß, um ihn zu begreifen. So hat denn auch die manus im natürlichen Sinn die Richtung des Willens auf die im juristischen Sinn zu veranschaulichen. Noch Gajus stellt dies aus der Urzeit stammende Erfordernis als unerläßlich hin[64]), und die Art, wie er sich über die zu seiner Zeit verstattete Nichtbeachtung desselben bei Grundstücken äußert, zeigt deutlich, daß es auch bei ihnen einst anders gehalten worden ist[65]). In ältester

63) Gaj. I, 119.

64) Gaj. I, 121: ut apprehendere id ipsum, quod ei mancipio datur necesse sit, unde etiam mancipatio dicitur, quia res manu capitur. Als Gegenstände nennt er ebendaselbst die „personae serviles et liberae, item animalia quae res mancipi sunt". Völlig verkehrt setzen die Herausgeber des Gajus in I, 119 statt des handschriftlichen rem tenens: aes. Ganz abgesehen von dem obigen Zeugnis spricht dagegen der Umstand, daß das ältere Recht bei Rechtsgeschäften nirgends ein Geben, sondern stets nur ein Nehmen kennt (Geist des röm. Rechts I S. 110, III S. 576). Hätte aes ergriffen werden müssen, so hätte es von seiten dessen geschehen müssen, der es erhält, nicht von seiten dessen, der es giebt.

65) Gaj. I, 121: praedia vero in absentia solent mancipari.

Zeit wird, wie im Vindikationsprozeß, eine Scholle das Grundstück vertreten haben, ähnlich wie nach älterem deutschen Recht die Hingabe des Halms.

Das dritte und letzte Erfordernis des Aktes, dessen Annahme auch für die Urzeit nicht dem mindesten Zweifel ausgesetzt sein kann, da es sich nicht bloß im alten Rom, sondern bei allen Völkern für alle wichtigen Rechtsakte wiederholt, bildet nun aber die Anwesenheit von Zeugen, und dieser Punkt giebt mir zu einem näheren Eingehen Anlaß und zwar in doppelter Richtung, einmal, was die praktische Bedeutung der Zeugen in ältester Zeit, und sodann was ihre Zahl betrifft.

Die praktische Bedeutung des Zeugen in der Urzeit. Die praktische Bedeutung des Zeugen in unserm heutigen Recht und Verkehr besteht darin, als Beweismittel zu dienen für den Fall, daß der Anspruch bestritten wird, er steht daher mit der Urkunde auf einer Linie — der Zeuge ist eine lebendige Urkunde, die Urkunde ein toter Zeuge. Wer dem Gegner Vertrauen schenkt, wird weder Zeugen noch Urkunden zuziehen, die Gefahr, der beide vorbeugen sollen, existiert für ihn nicht, es verhält sich mit ihnen nicht anders wie mit Pfändern und Bürgen, die man sich nicht bestellen läßt, wenn man den Schuldner für völlig solvent hält. Die einen wie die anderen sind Sicherungsmittel gegen eine mögliche Gefahr, jene gegen die der prozessualischen Bestreitung, diese gegen die der faktischen Unrealisierbarkeit des Anspruchs; besorgt man die Gefahr nicht, so bringt man sie von vornherein nicht zur Anwendung, ist die Gefahr, wo man sie besorgte, nicht eingetreten, so hat ihr Nutzen sich darauf reduziert, daß sie dem Berechtigten inzwischen das moralische Gefühl der Sicherheit gewährt haben, während die praktische Verwendung, auf die es abgesehen war, hinwegfällt. Mit dieser praktischen Äquivalenteigenschaft der Zeugen und Urkunden hängt es zusammen, daß mit dem Aufkommen der Schrift die Urkunde als die sicherere Form den Zeugen mehr und mehr aus dem Felde schlägt oder ihn nur als accessorisches Moment (Unterschrift der Urkunde) in sich aufnimmt — die Person weicht der Schrift, hier wie überall.

Damit ist eine Verschiedenheit, welche in Bezug auf die Verwendung des Zeugen zwischen den niederen und höheren Entwicklungsstufen des Verkehrs und Rechts stattfindet, erklärt, das rein quantitative Moment der Verwendung desselben — der Zeuge funktioniert hier als Vorläufer der Schrift und selbst noch nach Aufkommen derselben als bequemeres Surrogat. Aber es besteht noch eine andere Verschiedenheit zwischen den Zeugen beider Epochen, und sie ist qualitativer Art.

Unser heutiger Zeuge, mag er ein bloßer Beweiszeuge sein, dessen Zuziehung auf dem freien Willen der Parteien beruht, oder ein Solennitätszeuge, dessen Zuziehung vom Gesetz verlangt wird, übt auf das Geschäft selber regelmäßig nicht den mindesten Einfluß aus, er wird hinzugerufen, wenn das Geschäft materiell fertig ist, und er hat nichts zu thun als zu hören und zu unterschreiben, kurz seine Assistenz ist nicht bloß juristisch, sondern auch faktisch eine rein passive, in Bezug auf den Abschluß des Geschäfts selber ohne alle Bedeutung. Um uns zu überzeugen, daß die Bedeutung seines Vorgängers in alter Zeit eine gänzlich andere war, bedarf es nicht langen Nachdenkens; vergegenwärtigen wir uns die alte Zeit, und wir haben sie. Ein heutiger Zeuge — ich nehme den normalen Fall des Notariatszeugen — befindet sich über das Dasein aller Momente, die für das Rechtsgeschäft von Bedeutung sind, durchweg in gänzlicher Unkenntnis. Ob der Verkäufer zuverlässig ist, ob man seinen Versicherungen in Bezug auf die Sache trauen kann, ob sie ihm gehört, ob sie Fehler hat, ob sie preiswürdig ist, ob der Käufer solvent ist — was weiß er davon, und wenn er es wüßte, was geht es ihn an, wie dürfte er darein reden?

Schauen wir uns jetzt die Mancipationszeugen des alten Rom an. Die Akte, zu denen sie zugezogen werden, betreffen Gegenstände, von denen jeder Kunde haben kann, der eine mehr, der andere weniger, am besten die Nachbarn. Sie kennen die Sklaven, die Ochsen, Pferde, Esel, Maulesel, mit denen der Mann das Feld bestellt, so gut wie ihre eigenen, sie sehen sie täglich im Freien und der Bauer hat ein Auge für sie, sie sich zu merken, die Zahl ist ja in alter Zeit nicht groß, kurz sie sind für ihn wie den Eigentümer selber Individuen, die er aus tausenden herauserkennt. Da kommt jemand, der ein Stück davon zu kaufen gedenkt. Hat er selber nicht die Gewißheit, daß es dem Verkäufer gehört, bei wem könnte er besser Auskunft erhalten als bei den Nachbarn, und wer eignete sich mehr, als Zeugen zugezogen zu werden als sie? Sie müssen sich sagen, daß sie damit, wenn auch keine juristische, so doch eine moralische Garantie ihrer Aussagen übernehmen, als ehrliche Leute thun sie dies nicht, wenn sie nicht ihrer Sache sicher sind. Weigern sie sich des Zeugnisses, oder sind sie nicht imstande, über den Sklaven oder das Stück Vieh Auskunft zu erteilen, so weiß der Käufer, woran er ist. Ebenso wenn der Verkäufer sich auf das Zeugnis von Leuten beruft, deren Leumund ein schlechter ist. Sichere Zeugen ein sicherer Kauf, unsichere Zeugen ein unsicherer Kauf — wer sicher kaufen will, sieht sich nicht bloß die Sache an, ob sie nicht etwa Fehler hat, sondern auch die Zeugen, auf welche der Verkäufer sich für sein Eigentum beruft. Wer von einem Nichteigentümer kauft, den er fälschlich für den Eigentümer hält, hat sich selber die Schuld zuzuschreiben, er hätte sich besser unterrichten können und sollen, es enthält keine Härte, daß er dem wahren Eigentümer die Sache ohne Entgelt herausgeben muß — der Gedanke der römischen Vindikation ist vom Standpunkt der alten Zeit ein ebenso gesunder und berechtigter, als er für Verhältnisse, in denen, wie in der spätern Zeit Roms und in der heutigen, die Möglichkeit, sich gegen sie durch rechtzeitige Achtsamkeit zu sichern, hinweggefallen ist, ein unberechtigter ist; hier gestaltet sich die reivindicatio gegen den gutgläubigen Besitzer zu einem Fatum, im alten Rom war gutgläubiger und leichtsinniger Käufer einer fremden res mancipi gleichbedeutend, der Erfolg der reivindicatio, der in alter Zeit noch durch den großen Betrag des sacramentum, den Ersatz der doppelten Früchte und die Ausschließung des Anspruchs auf Ersatz der Impensen gesteigert war, enthielt eine verdiente Strafe der Schuld, — wo jemand wissen kann, ob er Eigentümer ist, darf man ihn für fälschliches Inanspruchnehmen des Eigentums strafen.

Das ist die Bedeutung der altrömischen Mancipationszeugen bei Abschluß des Rechtsgeschäfts, eine Funktion derselben, die im heutigen Verkehr gänzlich hinweggefallen ist, und mit den veränderten Verhältnissen hinwegfallen mußte. Sie läßt sich mit zwei Worten wiedergeben: Gewährung des rechtlichen Ursprungscertifikats und der moralischen Garantie. Von welch außerordentlichem Wert sie für die Sicherheit des Verkehrs war, bedarf nicht der Ausführung, sie hielt den Eigentumsverkehr bei res mancipi im großen Ganzen in den geregelten Bahnen des Rechts, der Zeuge ersetzte für die meisten Fälle den Richter.

War das die Absicht, welche dem Gebot der Zuziehung von Zeugen zu Grunde lag? Sicherlich nicht! Es war eine Folge, aber nicht der Zweck des Gebots. Der Gedanke einer Bevormundung des Verkehrs liegt dem alten Recht gänzlich fern, und die Sache würde sich im alten Rom im Leben auch ohne alle gesetzliche Bestimmung ganz ebenso gestaltet haben, wie sie im bisherigen beschrieben ist, der römische Bauer war der Mann danach, um zu wissen, was ihm frommte, und er bedurfte nicht des Gängelbandes des Gesetzes.

Der Zweck, dem das Gebot der Zuziehung von Zeugen seinen Ursprung verdankte, war ein anderer, er hängt mit der primitiven Form der Rechtsverfolgung: dem Recht der Selbsthülfe, zusammen. Sollte letzteres sich nicht in sich selber vernichten, nicht zu wildem aussichtslosem Streit und Kampf führen, so bedurfte es der genauen Feststellung und der leichten

Erkennbarkeit seiner Voraussetzungen, jeder mußte sich die Frage beantworten können, ob dem andern das Recht dazu zustand, und dies war der Fall, wenn sein Recht notorisch war — was alle wissen, kann und muß auch derjenige wissen, gegen den der Berechtigte dasselbe geltend macht. Diese Notorietät wird vermittelt durch die Publicität des Rechtsaktes, und auch für die Zuziehung der Zeugen mit aktiver Assistenz (S. 108 ff.) bleibt dieser Zweck dauernd von Bedeutung. Bei den beiden oben (S. 108) genannten Rechtsakten geschieht es durch Vornahme derselben vor der Volksversammlung, bei der confarreatio vor den zehn Zeugen, welche das Geschlecht, beim mancipium und nexum vor den fünf, welche die fünf Censusklassen des Volks repräsentieren. Dadurch wird das Geschäft zur öffentlichen Kunde gebracht, und die Folge davon ist die Ermächtigung zur Selbsthülfe.

Nicht alle Geschäfte lassen sich auf diese Weise gleichsam unter öffentliche Garantie stellen, sondern nur diejenigen, welche die familia betreffen[66]), nur die familia verdient diesen bevorzugten Schutz, und nur bei ihr trifft die Voraussetzung der individuellen Erkennbarkeit zu, welche eine wesentliche Bedingung der Durchführbarkeit der Selbsthülfe bildet, Rechtsstreitigkeiten in Bezug auf die pecunia müssen stets vor dem Richter ausgefochten werden. Nur wegen gewisser Forderungen steht dem Berechtigten das Recht der Selbsthülfe, nämlich der Pfändung von Sachen des Schuldners zu (pignoris capio), aber nur wegen solcher, die ein öffentliches Interesse haben[67]), auch hier er-

66) Daß darunter auch das nexum fällt, ist oben (S. 101 f.) gezeigt, und wird unten durch ein neues Argument noch unterstützt werden.

67) Gaj. IV, 27, 28. 1. ein militärisches: aes militare, equestre, hordiarium; 2. ein ärarisches: Pfändungsrecht des Steuerpächters; 3. ein sakrales: emptio hostiae, locatio jumenti zu Opferzwecken. Ich vermute, daß die beiden Verträge, welche Gajus nennt, bei den Priestern und Pontifices angemeldet wurden. In jenen beiden Fällen bedurfte der öffentliche Charakter des Anspruches keines Nachweises, aber unmöglich konnte man doch jemandem, der ein Zugvieh vermietet hatte, auf sein Wort hin glauben: „quod ideo locasset,

scheint er, indem er zur Selbsthülfe schreitet, bekleidet mit öffentlicher Autorität, dort ist es der öffentliche Charakter des Aktes, der sie ihm verleiht, hier der öffentliche Charakter des Anspruchs.

Legitimation zur Selbsthülfe — das also ist der Zweck der Solennitätszeugen des alten Rechts, und dadurch heben sich dieselben von den bloßen Beweiszeugen ab, welche die Partei nach Gutdünken zuziehen mag, letztere sind berechnet auf den Fall, daß die Sache an den Richter gelangt, jene machen ihn überflüssig. Findet der Hausherr ein zu seiner familia gehöriges Stück in dritter Hand, so sind die Zeugen es, an die er sich wendet, daß sie mit ihm gehen, um ihm dem Besitzer gegenüber bei Durchführung seines Rechts behülflich zu sein. Zu dem Zweck steht ihm das Recht der oben beschriebenen solennen Ladung zu. Es war durch das Gesetz dafür gesorgt, daß sie derselben Folge leisteten, denn sonst wurden sie „improbi atque intestabiles“ [68]) d. h. ehrlos und unfähig, selber fortan irgend ein Zeugengeschäft mit rechtlicher Wirkung vorzunehmen, was nahezu der Kreditlosigkeit und der Ausschließung vom Verkehr gleichkam. Denken wir uns, der Berechtigte verfügt sich mit den Zeugen oder denjenigen von ihnen, die noch am Leben sind [69]), woran es ihm bei der Fünfzahl der Zeugen

---

ut inde pecuniam acceptam in dapem i. e. in sacrificium inpenderet“, und es hätte ja auch gar keine Garantie bestanden, daß er die angeblich beabsichtigte Verwendung wirklich vornehmen werde.

68) Gellius 6, 7, 2; 15, 13, 11.

69) Darauf zielt vielleicht der Ausdruck superstites, mit dem sie im Vindikationsritual bezeichnet werden. Die spätere Zeit nimmt ihn einfach für testis. Aber wozu statt des sonst in der ältern Sprache stets allein gebrauchten Simplex (testis — testari — testamentum — testimonium — testabilis) hier das Kompositum? Damit hat doch etwas besonderes bezweckt werden müssen. Superstes ist sprachlich der super-testis (stare, steti, stes, testis), er bezeichnet also eine besondere Art desselben, und wenn man die obige Vermutung annimmt, so würde sich daraus der vulgäre Sprachgebrauch erklären, Fest. superstites . . . . . vulgari quidem consuetudine poni (tur pro iis, qui restent) superque sint.

und der Kürze der Usukapionsfrist nie wird gefehlt haben, zu dem Besitzer. Mit der bloßen Berufung auf den Besitz, die im späteren Vindikationsverfahren genügt, kommt er nicht aus, er muß sich ausweisen, daß er die Sache auf rechtmäßige Weise erworben hat, und seinerseits ebenfalls Zeugen dafür stellen, sonst ist sein Widerstand ein illegaler und sein Gegner vollkommen berechtigt, denselben mit Gewalt zu brechen, und wir dürfen annehmen, daß seine Zeugen ihm dabei geholfen haben, wie dies die Pflicht eines jeden rechten Römers war, wenn es galt, dem Recht gegen die nackte Gewalt zu Hülfe zu kommen [70]).

Daß er nur unter dieser doppelten Voraussetzung: der Angabe eines Erwerbsgrundes (causa) und der Namhaftmachung der Zeugen berechtigt ist, einen Widerstand entgegenzusetzen, ergiebt sich daraus, daß das Ritual der Vindikation beide Voraussetzungen ausdrücklich namhaft macht. Die [71]) Eröffnung

70) Aufruf zu dieser Hülfeleistung: quiritare = fidem Quiritium implorare, d. h. die Leistung der Hülfe ist Sache der fides. Varro L. L. 6, 68.

71) [Das folgende lautet in einer andern Fassung des Iheringschen Manuskripts: Der Kläger fragte den Beklagten nach dem Erwerbsgrund, auf den er sein Eigentum stütze (Gaj. IV, 16: postulo anne dicas qua ex causa vindi- caveris), wie er seinerseits denselben vorher hat nennen müssen. (Gaj. ibid.: „secundum suam causam", das „sicut dixi" nimmt darauf Bezug.) Die Frage wäre sinnlos gewesen, wenn der Beklagte nicht eine Antwort darauf hätte erteilen müssen, oder wenn er sie mit den völlig nichtssagenden Worten der Formel: jus peregi sicut vindictam imposui hätte beantworten können, letztere haben die Angabe des konkreten Erwerbungsgrundes zur Voraussetzung, ebenso wie das sicut dixi des Klägers. Bei einem Eigentumsstreit um ein Grundstück fordert der Prätor nach Einleitung des Verfahrens beide Parteien auf, sich in Gesellschaft ihrer beiderseitigen Zeugen (suis utrisque superstitibus praesentibus. Fest. superstitis, Cic. pro Murena 12, 26) auf das Grundstück zu verfügen. Wenn ich in letzteren nicht die Prozeßzeugen der litis contestatio, sondern die Erwerbszeugen, welche über die causa Auskunft geben sollten, erblicke, so wird dies kaum der Rechtfertigung bedürfen.]

des Vindikationsprozesses bis zu dem Moment, wo der Prätor mit dem Befehl: mittite ambo hominem sich ins Mittel legt, und die Sache in die geregelte Bahn des Prozesses leitet, spiegelt uns die Selbsthülfe der Vorzeit wieder, beide Parteien mit dem Speer bewaffnet, die Sache ergreifend [72]) und zugleich den Grund angebend, auf den sie ihr Eigentum und ihr Recht zur Selbsthülfe stützen [73]).

Die Fünfzahl der Zeugen. Sie kann nicht einen ursprünglichen Bestandteil des Geschäfts gebildet haben. Die Grundzahl des ältesten Rechts ist nicht fünf, sondern drei und zehn [74]), und sie wiederholt sich auch in der Anwendung auf Zeugen in zwei Fällen, welche der ältesten Zeit angehören, die Zahl drei im alten Völkerrecht bei Ankündigung des Krieges (Liv. I, 32 non minus tribus puberibus praesentibus), die Zahl zehn bei der konfarreierten Ehe (oben S. 65). Nach Analogie des ersten Falles möchte ich glauben, daß auch beim mancipium die Zahl der Zeugen in ältester Zeit drei betragen habe.

---

72) Gaj. IV, 16 festucam tenebat — ipsam rem apprehendebat.

73) Die Formel bei Gaj. ib. lautet: hunc ego hominem ex jure quiritium meum esse ajo secundum suam causam, sicut dixi, und zwar gleichmäßig für beide Parteien (adversarius eadem similiter dicebat). Daß die causa individuell genannt werden mußte, und zwar ebensowohl bei dem Verfahren durch Selbsthülfe, als durch Prozeß, betrachte ich als zweifellos.

74) Drei: die drei Stammtribus — die tres arbitri — das trinoctium bei der Ehefrau, die dreimalige Vorforderung zur Zeugnisablage (S. 92). Zehn: die zehn gentes der Kurie, die zehn Kurien der Tribus — die zehn Zeugen bei der confarreatio, das zehnmonatliche Jahr, die Decemvirn und die ursprünglichen zehn Tafeln, — drei und zehn: die 300 celeres und Senatoren, die 3000 Mann der Legion, die drei Fristen von je zehn Tagen im völkerrechtlichen Verfahren (clarigatio) u. s. w. S. Bodemeyer, Die Zahlen des römischen Rechts. Göttingen 1855 § 4 u. 11. Über die fünf Zeugen bei Aussetzung des mißgestalteten Kindes s. S. 110; das Kollegium der Pontifices gehört nicht der Königszeit an.

Seit Einführung der Censusverfassung hat auch das Gemeinwesen ein Interesse daran, die Veränderungen, welche mit der familia vor sich gehen, zu erfahren, und wie der Hausherr den Bestand derselben alle fünf Jahre mittelst der Censuslisten zur Kenntnis des Staats zu bringen hat, so auch die Veränderungen, welche während der Zeit geschehen, durch die mancipatio. So erklären sich die fünf Zeugen, sie sind die Repräsentanten der fünf Censusklassen und dienen dem Censor für den Fall, daß er später Auskunft begehrt, als Auskunftspersonen, sie haben also in dieser Richtung ganz denselben praktischen Zweck, wie in Bezug auf die Vindikation. Der letzteren wegen werden auch bereits vor Einführung der Censusverfassung Zeugen zugezogen worden sein, aber die Fixierung derselben auf fünf hängt sicherlich mit letzterer zusammen.

Ist diese Annahme der censualen Bedeutung der Fünfzahl der Zeugen bei der mancipatio die richtige, so reiht sich daran der Schluß, daß es mit der Fünfzahl der Zeugen beim nexum ganz dieselbe Bewandtnis gehabt haben muß, und dieser Schluß wird dadurch bestätigt, daß Cicero in der klassischen Stelle über die causae centumvirales (de Orat. I, 38) neben den jura mancipiorum auch die jura nexorum aufführt. Von anderen ist bereits die Vermutung ausgesprochen worden, daß das Centumviralgericht eine censuale Bedeutung gehabt haben müsse[75]), und ich hoffe dieselbe durch die gegenwärtige Ausführung erheblich unterstützen zu können. Ich führe dafür außer der Zahl der fünf Zeugen noch ein Argument an, das meines Wissens noch nicht benutzt worden ist: die gewesenen Quästoren des Ärars wurden Präsidenten des Centumviralgerichtshofes[76]). Warum, wenn nicht zwischen beiden Funktionen ein Zusammen-

75) Bethmann-Hollweg in der Zeitschrift für gesch. Rechtsw. V S. 337.

76) Sueton Aug. 36 . . centumviralem hastam, quam quaestura functi consuerant cogere.

hang angenommen ward? Er liegt offen vor: in ihrer früheren Stellung vertraten sie das Interesse des Ärars als Verwaltungsbeamte, in der neuen als richterliche Beamte. Nun begreift es sich von diesem Gesichtspunkt des ärarischen Interesses sehr wohl, daß auch das Nexum durch das Erfordernis der Fünfzahl der Zeugen zu einem öffentlichen Geschäft gestempelt und das Urteil über die infolge davon vollzogene manus injectio dem Volksgerichtshof überwiesen ward, der das Interesse des Volks bei der Rechtssprechung zu wahren hatte, aber in juristischer Beziehung bietet die Aufführung des nexum unter den causae centumvirales etwas wahrhaft Rätselhaftes dar. Alle anderen haben Verhältnisse zum Gegenstande, welche mit einer in rem actio ausgerüstet sind: Eigentum, Servituten, Erbrecht, oder welche als Bedingungen des Erwerbes oder der Bestellung dieser Rechte in Betracht kommen[77]). Das nexum dagegen ist ein obligatorisches Verhältnis — wie gelangt es unter die Zahl der dinglichen? Eine Antwort ist darauf bisher nicht erteilt[78]). Die Frage ist sogar nicht einmal aufgeworfen.

---

77) Eigentum: jura usucapionum, mancipiorum; alluvionum, circumluvionum. Servitut: parietum, luminum, stillicidiorum. Erbrecht: testamentorum ruptorum aut ratorum. Als Bedingung des Erwerbs des letzteren: agnationum, gentilitatum. Als Bedingung der Bestellung der genannten Rechte und auch als Gegenstand der Vindikation (Beweis dafür die in jure cessio) tutelarum.

78) Bethmann-Hollweg a. a. O. S. 369, 370 schleicht sich an der Frage in kaum glaublicher Weise vorüber. „Jura usucapionum, alluvionum, circumluvionum, mancipiorum, nexum bezeichnen nichts anderes als Eigentum, welches durch Usukapion, Alluvion oder Mancipation erworben wird". Wo bleibt denn, von dem circumluvionum ganz abgesehen (das sich nicht auf den Erwerb, sondern den Schutz des Eigentums bezieht, dem Nachbarrecht angehört), das nexum? Es bildet doch keine Erwerbungsart des Eigentums, und Bethmann-Hollweg hat auch garnicht gewagt, es mit anzuführen, er schweigt es einfach tot. Auch Keller, Römischer Civilprozeß § 6, demzufolge die Kompetenz des Gerichtshofes sich ursprünglich bloß auf Erbschafts-

Ich meinerseits glaube die Antwort oben (S. 101 f.) erteilt zu haben; das nexum begründet die manus über einen freien Menschen ganz so wie das mancipium im späteren Sinne des Worts, und die zuständige Klage im Fall ihrer Bestreitung ist daher die vindicatio, sie richtet sich nicht gegen den Schuldner als Subjekt (in personam), sondern als Objekt (in rem). Daher gehört sie wie alle Vindikationen vor den Centumviralgerichtshof. Selbst als man dem Schuldner in späterer Zeit verstattete, in eigener Person die Schuld zu bestreiten (manus injectio pura), wurde der alte Gesichtspunkt des Streites um die manus beibehalten, die Bestreitung der Schuld von seiner Seite ward technisch bezeichnet als „manum sibi depellere“, als Bestreitung der manus, nicht der Schuld („dare non oportere“), juristisch fiel die Sache unter denselben Gesichtspunkt, als wenn man einem Sklaven oder in mancipio Befindlichen zugestanden haben würde, seine Freiheit in Anspruch zu nehmen.

Die Konsequenz der hier entwickelten Ansicht ist: das nexum berührt das Interesse des Volks. Aber wie? Lediglich darum, weil dadurch ein freier Mann den Strick um seinen Hals schlingt, mit dem er später erdrosselt, seiner Freiheit und seines Lebens beraubt werden und dadurch dem römischen Volk verloren gehen kann? Der Gesichtspunkt würde ausreichen, um die Öffentlichkeit des nexum und die Kompetenz des Centumviralgerichts zu begründen. Möglicherweise wirkte noch ein anderer Gesichtspunkt mit: der des ärarischen Interesses. Wer als Gläubiger ein nexum eingeht, bringt damit sein Kapital zur öffentlichen Kunde, und der Censor hat damit einen Anhaltspunkt, um dasselbe später zur Steuer heranzu-

---

prozesse beschränkt und dann später „wohl das ganze Gebiet der Vindikationen umfaßt haben“ soll, folgt seinem Beispiel. Ebenso können nach Huschke, Verfassung des Servius Tullius S. 560, „Schuldstreitigkeiten vor dem Centumviralgericht nicht verhandelt werden“.

ziehen. Er braucht es nicht zu thun, er kann es als bloßes Privatdarlehn geben (mutuum), aber das ist lediglich Sache des Vertrauens („creditum"), das Recht giebt ihm keinen weiteren Schutz, als daß es dem Schuldner die Alternative stellt, entweder zu zahlen oder die Schuld abzuschwören, ein Beweis durch Zeugen oder Urkunden ist ausgeschlossen. Wer sich den Beweis sichern will, um den Schuldner im Fall des Leugnens durch andere zu überführen, muß sich derjenigen Form bedienen, die das Gesetz dafür vorgeschrieben hat: der öffentlichen Form des nexum. Das ist die Form, die der Geschäftsmann wählt, in dieser Form bewegt sich der geschäftliche Geldverkehr, es ist ein Geschäftszweig, denn das Wesentliche dabei sind die Zinsen, während das bloße Darlehn für den Freundesverkehr bestimmt ist und keine Zinsverbindlichkeit begründet[79]). Das Geschäft aber, das etwas abwirft, kann auch vom Staat zur Steuer herangezogen werden, das Geschäft des Geldmanns ebenso gut wie das des Landmanns. Wie viel ersteres im Jahr abgeworfen hat, läßt sich, wenn der Censor Anlaß hat, die Glaubwürdigkeit der Aussagen des Mannes zu bezweifeln, durch die Zeugen leicht konstatieren.

Habe ich mit dieser Vermutung das richtige getroffen, so würden wir für die ältere Zeit den Satz gewinnen: alle Akte, welche die manus zum Gegenstande haben, berühren das Interesse des Volks, weil des Census, auch darum müssen sie zur öffentlichen Kunde gebracht werden (vgl. S. 108 u. 117), und das Recht sichert die Beachtung dieser Forderung dadurch, daß es den Rechtsschutz, dessen sie nur beim Volksgericht teilhaftig werden können, an ihre öffentliche Errichtung vor fünf Zeugen knüpft, durch welche das Volk als durch seine Vertreter sie unter seine Garantie nimmt.

79) Vgl. Vorgeschichte der Indoeuropäer S. 240.

Pierer'sche Hofbuchdruckerei. Stephan Geibel & Co. in Altenburg.